Lelia

Für ~~Niki, Gary und Vincent,~~
die meine ~~Quadratmeter~~ Leben
mit Liebe ausfüll~~en~~t ♡

„Wenn es in der Poesie um Liebe geht
und in der Kunst um Liebe geht
und im Theater um Liebe geht
und in der Oper um Liebe geht ...,
warum, denken wir, geht es
im Design um Funktionalität?"

MARCEL WANDERS, Designer

MARIA SPASSOV

Liebe pro m²

Das neue Wohnbuch

· mit Herz ·

Mit Insider-
tipps der
100 besten
Designer

Deutsche Verlags-Anstalt

INHALT

2

♡ MEINE STORY

Ich habe das Dekorieren und das Schreiben immer geliebt. Aber anstatt meinem Traum zu folgen, machte ich andere Dinge. Ich studierte Jura in Heidelberg und Chicago und arbeitete für eine US-amerikanische Kanzlei in Frankfurt a. M. Bis ich im Jahr 2010 – ohne viel zu planen – meinem Herzen folgte. Ich schrieb einen Artikel, korrigierte den ursprünglichen Entwurf zwölf Mal und schickte ihn einem Wohnmagazin. Zwei Monate später erschien er. Es folgten weitere. In den Jahren danach führte ich als freiberufliche Autorin mehr als 100 Interviews mit den besten Designern der Welt, half als Einrichtungsberaterin Leuten, ihrer Traumwohnung ein Stück näher zu kommen und gründete den Blog *Design Elements*. Dabei merkte ich immer wieder: Wie man ein Zuhause einrichtet, ist erlernbar. Man muss Grundsätzliches beachten, seinen persönlichen Stil hinzufügen und den Raum mit Liebe ausfüllen. Darum geht es in diesem Buch.

„Das Leben ist zu kurz, um es in mittelmäßig eingerichteten Räumen zu verbringen."

MANIFESTO

Liebe pro m² ist ein Wohnbuch voller Inspiration. Ein Wohnbuch über die Freude, sich mit Lieblingsstücken zu umgeben und ein Zuhause einzurichten, das Ihr wahres Ich widerspiegelt – so wie Sie sind und werden wollen. Kein perfektes Zuhause, sondern eines, das mit dem Rhythmus des Herzens ausgefüllt ist. Die Grundprinzipien des Interiordesigns werden auch erwähnt, von fundamentaler Bedeutung ist jedoch all das, was in keiner Designschule unterrichtet wird: Glaube, Begeisterung und Liebe.

Ich glaube, ...

... dass Wohnen eine zutiefst persönliche Sache ist. Unabhängig davon, über wie viel Geld Sie verfügen. Unabhängig davon, ob Sie in einer Einzimmerwohnung, einem Loft oder einer Luxusvilla am Meer wohnen.

... dass das größte Haus nicht das schönste ist.

... dass die Tage von „getting the look" vorbei sind.

... an Happy Indie – Wohndesign, das Unabhängigkeit verkörpert und Liebe ausstrahlt.

... dass die gute Idee einfach das Wichtigste bleibt, auch wenn Natur und Meerblick fehlen.

... dass selbst in den Augenblicken, in denen Sie erschöpft und entmutigt sind, ein Teil von Ihnen voller positiver Energie, kindlicher Neugier und Streben nach Schönheit bleibt.

... dass man beim Einrichten keinen Profi braucht, sondern einen Menschen mit kreativer Ader, freiem Geist und mutigem Herzen.

... dieser Mensch sind Sie! Wer wüsste besser als Sie, was Ihnen gefällt, wovon Sie träumen, was Ihr Herz höher schlagen lässt?

> „Alles, was Sie brauchen, um zu dekorieren, haben Sie bereits: Ihr Herz."
>
> **MARIN GEORGIEV**, Architekt

> „Oft werde ich gefragt, was genau die Wohnung in ein Zuhause verwandelt. Meine Antwort ist immer dieselbe: das Herz. Die persönlichen Kleinigkeiten ... Der Spaß, mit dem wir einrichten ... Das Lachen, das den Raum mit Lebendigkeit erfüllt ... All das, was man mit Geld nicht kaufen kann."
>
> **GIORGIO BONAGURO**, Produktdesigner

DESIGN IST EIN ABENTEUER

... voll spannender Stellen, positiver Wendungen, unvergesslicher Augenblicke und endloser Möglichkeiten zu wachsen.

EIN GESPRÄCH MIT KARIM RASHID

Karim Rashid war auf dem Weg von New York nach Moskau, als wir uns unterhielten. Er ist Designer, Visionär, Freidenker und Weltverbesserer. Sein Name steht für positive Energie, sinnlichen Minimalismus und Glanz ohne scharfe Kanten. Seine Philosophie von Globalove inspiriert. Seine Überzeugung, dass das Recht auf großartiges Design als Menschenrecht jedem zusteht, ist bahnbrechend. Mit mehr als 300 Designauszeichnungen, 3000 Produkten und 3 Ehrendoktortiteln ist Karim Rashid eine lebende Legende. Aber wer denkt, sein Weg war leicht, hat weit gefehlt. Als der in Kairo geborene Kanadier nach New York kam, hatte er nichts – keine Wohnung, kein Geld, kein Visum. Mit Glaube und Ausdauer hat er ein Unternehmen aufgebaut, das seine Leidenschaft, seine Vision und seine Liebe zum Design reflektiert. Uns verrät Karim Rashid, wie eine Traumwohnung aussieht und wie seine Botschaft lautet.

Trotz vollen Terminkalenders sehen Sie entspannt und glücklich aus. Wie schaffen Sie das?

Ich bin glücklich, wenn ich beschäftigt bin. Arbeit ist Leben. Mach dein Hobby zum Beruf. Dann wirst du wahrhaft glücklich sein. Dann wirst du beitragen, die Welt zu verbessern. Arbeit und Spaß sind für mich keine Gegensätze. Leben ist nicht Arbeit vs. Spaß, obwohl die Gesellschaft diese Polarisierung oft predigt. Man sollte Spaß an seiner Arbeit haben. Ich liebe, was ich tue, und zur Entspannung helfen mir tägliche Workouts, viel Wasser und Bio-Rohkost.

Was inspiriert Sie?

Mein Blick geht weit über Design, denn alles kann eine Inspirationsquelle sein: die zwischenmenschlichen Beziehungen, die Technologie, das tägliche Leben. Ich bin Perfektionist. Ich denke immer: Ich könnte es besser machen. Dieses Gefühl treibt mich an, Schönheit in der Welt zu verbreiten.

Wie lautet Ihr Mantra für eine heimische Landschaft?

Ruhe. Gelassenheit. Flow. Und Inspiration. Ein Zuhause voller positiver Energie, Erlebnisse und mit zeitgenössischem Design und dem höchstem Niveau an Komfort und spirituellem Wohlbefinden. Einfach ein Ort, um sich zu erholen, Energie zu tanken, sich zu erfreuen, zu arbeiten und in neue unvergessliche Erfahrungen einzutauchen.

Sie selbst brechen Design-Regeln und ändern die Art, wie wir die Farben sehen. Mit welchen Farben sollte man sich einrichten?

Kreieren Sie weite weiße Räume und setzten Sie Akzente mit starken positiven Farben. Starke Farben bekommen Charakter und zelebrieren Individualität, wenn sie mit Weiß eingesetzt werden. Streichen Sie die Wand Limonengrün und haben Sie keine Angst vor dem Stuhl in Knallorange. Farbe ist Schönheit. Farbe ist Selbstausdruck. Seien Sie ganz Sie selbst. Befreien Sie sich von bedeutungslosem Kitsch und antiquierten Vorstellungen. Gestalten Sie zeitgenössische Räume, in denen Sie sich körperlich, geistig und seelisch wohlfühlen.

Wie sieht Ihre Traumwohnung aus?

Alle Wohnbereiche sollen inspirieren. Die Küche soll Sie zum Kochen und Experimentieren einladen. Ihr Arbeitstisch soll die Konzentration, Aufmerksamkeit und Freude an Ihren Aufgaben fördern. Und Ihr Sofa soll Sie buchstäblich in die Welt der Entspannung entführen.

„Genießen Sie das Leben
in vollen Zügen."

„Sammeln Sie nicht an.
Begrüßen Sie Neues."

„Machen Sie jeden Tag
etwas Kreatives."

„Machen Sie jeden Tag
eine neue Erfahrung."

„Lieben Sie Design, Kunst
und Kultur."

„Bewirken Sie Veränderung
in der Welt."

Ihr Buch *Design Your Self* war monatelang auf meinem Nachttisch. Welche Bücher befinden sich gerade auf Ihrem Nachttisch?
Ich habe keine physischen Bücher mehr. Ich bin papierlos. Ich bin global. Ich bin omnipräsent. Ich habe gerade das letzte Buch von Daniel Pink auf meinem Laptop gelesen. Ich lese sehr gerne, aber in letzter Zeit lese ich weniger, da ich ständig schreibe. Ich arbeite an meinem neuen Buch *Design or Die* und am Skript für einen Sci-Fi-Film.

Sie haben über 3000 Designprodukte entworfen und mehr als 300 Designauszeichnungen erhalten. Ihre Arbeit ist in allen großen Museen der Welt ausgestellt. Was ist für Sie Ihr größter Erfolg?
Ich bin stolz auf meine 3 Doktorwürden und die Aufnahme in der Interior Design Magazine Hall of Fame. Es ist eine Ehre, diese Auszeichnungen zu erhalten. Aber das, was mich am meisten berührt, ist, meine Objekte in den Wohnungen der Menschen zu sehen. Design ist für Menschen, nicht für Museen. Ich freue mich, dass viele Leute meine Arbeit mögen. Sie soll nicht elitär, sondern für alle sein.

Stellen Sie sich vor, Sie unterrichten. Das Thema der Vorlesung lautet „Design Your Self". Wie lautet Ihre Botschaft?
Ich glaube, dass wir unser Schicksal steuern können. Ich würde jedem Mut machen, Selbstverantwortung zu übernehmen. Leben Sie im Hier und Jetzt. Alles, was wir haben, ist das Jetzt. Je mehr wir unseren Blick auf das Jetzt lenken, desto lebendiger fühlen wir uns.

BASICS

Alle schönen Wohnungen sind einander ähnlich.
Ihre Gestaltung verrät: Sie sind nicht mit
teuren Designermöbeln eingerichtet, sondern voll
von Lieblingsstücken, die eine Geschichte
erzählen. Ihr Charakter ergibt sich aus der Art und
Weise, wie sie dekoriert sind. Aus den Dingen,
die dort lässig herumliegen und Interessen,
Schwächen und Träume ihrer Bewohner wider-
spiegeln. Schöne Wohnungen verströmen
Glück. Abenteuergeist. Mut zum Gefühl. Freiheit.
Tiefe. Sinn. Und sie alle beruhen auf einem
Fundament, das aus vier Zutaten besteht:

INSPIRATION FINDEN

STIL BESTIMMEN

KUNSTVOLL WEGLASSEN

DESIGN-REGELN MEISTERN

INSPIRATION FINDEN

Inspiration ist der Grundstein zum schönen Wohnen. Und sie ist überall. Ein Stadtbummel, ein Buch, eine Ausstellung oder ein Film sind nicht nur Unterhaltung – sie können auch Inspiration für Ihre Einrichtung liefern. Sie sind sich nicht sicher, welche Farbe im Wohnzimmer den Ton angeben wird? Denken Sie an die Dinge, die Ihr Herz berühren: an den Sonnenuntergang, den Sie mit einem lieben Menschen beobachtet haben. An die Nuancen eines beeindruckenden Gemäldes. An die Muschel, die Sie am Strand gefunden haben. An die Muster Ihres Sommerkleids. An das Interieur Ihres Lieblingscafés. An den Duft von Jasmin.

„Gute Ideen brauchen Input. Ich reise oft und finde Inspiration in tausenden Dingen, Orten und Erfahrungen. Ich kaufe Berge von Büchern. Ich bin neugierig auf die Welt der Mode, der Architektur, der zeitgenössischen Kunst, der Partys und der Musik."

JEAN-LOUIS DENIOT, Interiordesigner

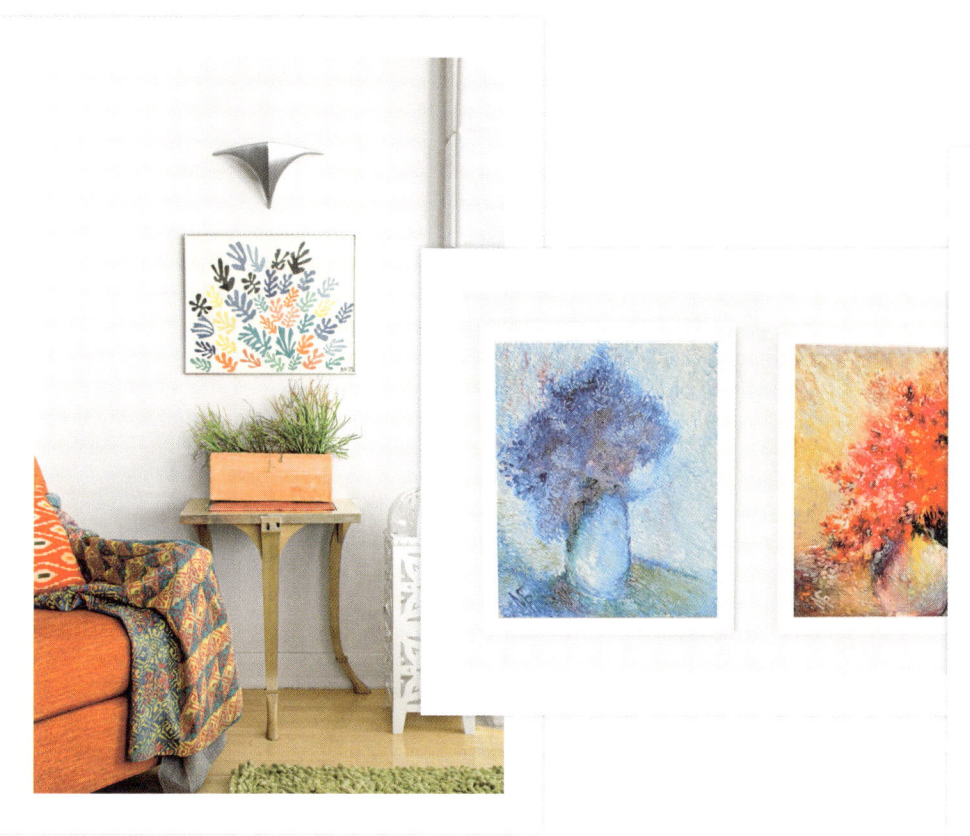

♡ Sammeln Sie Eindrücke und Ideen, die Sie berühren.

♡ Gehen Sie auf Entdeckungsreise in die Welt der Kunst, Mode, Architektur, Fotografie.

♡ Lassen Sie sich von Wohnbüchern und -magazinen inspirieren.

♡ Besuchen Sie Flohmärkte.

♡ Verbringen Sie Zeit in der Natur.

♡ Warten Sie nicht zu lange. Beginnen Sie mit dem, was Sie lieben. Und vergessen Sie Ihre Träume nicht. Schließlich sind Träume die unendlichste Inspirationsquelle.

STIL BESTIMMEN

Der persönliche Stil ist die Gesamtheit von Elementen, die das unverwechselbare Ich bilden. Er ist die dauerhafte Vorstellung von Ästhetik und Gespür für Schönheit. Der Stil ist keine effektvolle Inszenierung. Seine DNA ist Selbstbestimmtheit, Authentizität und Geist. Sie entdecken Ihren eigenen Stil, indem Sie sich selbst entdecken. Sie entwickeln ihn, indem Sie sich selbst entwickeln.

HAPPY HAZIENDA

HAPPY SCANDI

„Wenn es um persönlichen Stil geht, gibt es kein Richtig oder Falsch. Der authentische Stil kommt aus der Tiefe der Seele. Er strahlt Wohlbefinden und Selbstsicherheit aus."

LARS BOLANDER, Interiordesigner

HAPPY GLAMOUR

HAPPY POP-ART

Das Moodboard ist eine Collage voller Anregungen, Muster, Inspirationen und Wohnträume. Es dient dazu, Ideen zu sammeln und zu konkretisieren. Es hilft, den Überblick zu behalten und zu erkennen, was zusammenpasst.

SO FINDEN SIE IHREN DEKORATIONSSTIL:

♡ Sammeln Sie Ideen und Inspirationen an einem Platz – am besten auf einer Pinnwand.

♡ Bringen Sie alles ein, was Sie fesselt: Fotos, Zeitschriftenseiten, Stoffproben, Farbkästen.

♡ Suchen Sie das Verbindende. Welche Farben wiederholen sich? Gibt es zarte Dessins oder eher industrielle Elemente? Wie würden Sie den Gesamteindruck benennen? Skandinavisch? Bohème? Zen?

♡ Fügen Sie neue Inspirationen hinzu und nehmen Sie Elemente weg, bis allmählich Ihr persönlicher Stil durchschimmert und Ihre eigene Vision erscheint.

HAPPY MIDCENTURY

KUNSTVOLL WEGLASSEN

Die Kunst des Weglassens ist fundamental für den Einrichtungsprozess. Sie folgt einer einfachen Formel, die Wunder bewirken kann: Stellen Sie in Ihre Wohnung nur Dinge hinein, die Sie lieben, benutzen oder zu denen Sie eine positive Verbindung verspüren. Trauen Sie sich, den Rest einfach wegzulassen. Weglassen bedeutet nicht verzichten, sondern sich auf Lieblingsstücke zu konzentrieren. Schließlich ist nichts luxuriöser als eine Wohnung voller Dinge, die man gern hat.

„Die goldene Regel, die überall anwendbar ist, lautet: Haben Sie nichts im Haus, was Sie nicht als nützlich oder schön erachten."

WILLIAM MORRIS (1834–1896),
Textildesigner, Maler, Schriftsteller

„Weniger ist mehr. Ein paar tolle Lieblingsstücke sehen besser aus als ein Raum überladen mit Gegenständen."

EVA LINDH, Interiorstylistin

DIE 5 BESTEN WEGLASS-TIPPS:

♡ Wenn Sie Neues kaufen, werfen Sie Altes weg.

♡ Sortieren Sie regelmäßig aus.

♡ Beginnen Sie beim Aussortieren dort, wo Sie schnelle Ergebnisse erwarten. Das sorgt für neue Impulse.

♡ Behalten Sie nur Dinge, die Sie glücklich machen.

♡ Bringen Sie vom Shopping oder Urlaub nicht zu viel mit nach Hause. Das Schönste ist die Erfahrung und die Erinnerung. Und die besten Dinge sind bekanntlich keine materiellen Dinge.

DESIGN-REGELN MEISTERN

Eine unverwechselbare Wohnein-
richtung entsteht, wenn man zuerst
mit den Grundprinzipien der Raumgestaltung vertraut ist. Jeder Interiordesigner beachtet dabei einige
fundamentale Regeln. Sie sind simpel und gelten überall. Unabhängig
davon, ob Sie ein winziges Zimmer
oder eine riesige Stadtvilla einrichten.

2

BALANCE

Zusammenstellung von
Gegenständen, Materialien,
Größen und Farben in
ein visuelles Gleich-
gewicht.

1

HARMONIE UND EINHEIT

Eine gelungene Inneneinrichtung
ist ein harmonisches Ganzes.
Verschiedene Elemente vermitteln eine
Botschaft. Einheitlichkeit bedeutet
dabei nicht Fixierung auf einen einzigen Stil, sondern das Vorherrschen eines einheitlichen
Raumgefühls.

„Wenn Sie etwas lieben, wird
es auch funktionieren.
Das ist die einzig wahre Regel."

BUNNY WILLIAMS, Interiordesignerin

4

PROPORTION

Das Verhältnis zwischen den Proportionen des einzelnen Elements gegenüber den restlichen Elementen und dem Raum als Ganzes.

3

RHYTHMUS

Die Wiederholung einzelner Elemente – Farben, Formen, Muster u. a. – sorgt für Rhythmus, weckt das Gefühl für Ordnung und ruft Interesse hervor.

5

BLICKFANG

Der größte Feind der Raumgestaltung ist die Langeweile. Deshalb braucht jeder Raum einen oder mehrere visuelle Höhepunkte – ob architektonische Details, spannendes Wandarrangement, besonderes Möbelstück, großartiges Kunstwerk oder die Aussicht selbst.

RÄUME

„Glücklich zu wohnen bedeutet für mich, sich nicht nach dem Geschmack anderer zu richten, sondern sich mit Dingen zu umgeben, die einem guttun und einem etwas bedeuten – wie z. B. Familienerbstücke oder Reisesouvenirs. Denn erst Möbel und Accessoires mit Geschichte machen eine Wohnung zu einem Zuhause."

HANNAH TESCHNER,
Chefredakteurin der Zeitschrift *Wohnidee*

„Ihr Zuhause sollte Sie glücklich machen!"

JONATHAN ADLER,
Interiordesigner, Keramikkünstler

„Ein Wohlfühlzuhause braucht Zeit. Verschiedene Erlebnisse hinterlassen über die Jahre Spuren in Farben, Möbeln und Textilien. Diese Spuren verwandeln sich in die Seele des Hauses. Alles andere wäre eine Katalogwohnung. Ein Zuhause mit Seele trägt die Spuren des Lebens und den Charme des Unperfekten in sich."

TOMAS BACKMAN, Unternehmensgründer
mit Leidenschaft für Design

WOHNZIMMER

Das Wohnzimmer ist die Seele des Hauses.
Es ist Zeuge Ihrer Abende mit Freunden. Es ist stiller
Beobachter, wenn Sie nachmittags mit einer
Tasse Kaffee die himmlische Ruhe genießen, einen
geliebten Menschen anrufen oder einfach
die Yogamatte ausrollen. Ein schönes Wohnzimmer
verströmt Harmonie und Optimismus, Komfort
und Gelassenheit. Es spiegelt Ihre Weltanschauung
wider. Es enthüllt Ihr Ich, Ihre Welt aus
Formen und Farben, Fantasie und Geist. Ein gelun-
genes Wohnzimmer verbreitet gute Laune und
verführt zum Entspannen.

Lieblingsstücke und weiß-graues
Farbschema geben den Ton im
Wohnzimmer der finnischen Bloggerin Kirsi Etula an. Begleitet werden
sie von einer alten Vintage-Tür, die
nun als Wohnzimmertisch dient –
charmant und unerwartet.

WOHNEN IST EIN GEFÜHL

Ist es Harmonie oder Lebensfreude, Lässigkeit oder Tropen-Flair? Bevor Sie einrichten oder etwas Neues ins Haus holen, legen Sie zuerst das Wohngefühl, das im Wohnzimmer herrschen soll, fest. Wohnen bedeutet wohlfühlen. Das Wohnzimmer ist weder Museum noch Showroom. Es ist ein Raum, um zu entspannen und nach den eigenen Vorstellungen zu leben.

„Ich beginne definitiv mit einem Stück. Aber es kann jedes Stück sein, das eine Botschaft, Mut oder Einzigartigkeit in sich trägt."

DELPHINE KRAKOFF, Interiordesignerin

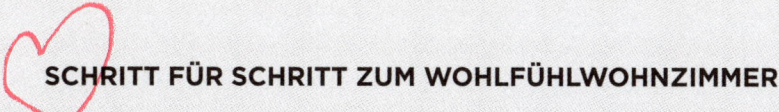

SCHRITT FÜR SCHRITT ZUM WOHLFÜHLWOHNZIMMER

ÜBERLEGEN SIE: WAS TUN SIE GERN IN IHREM WOHN-ZIMMER? Wo verbringen Sie die meiste Zeit? Wie entspannen Sie sich – vor dem Fernseher, in der Leseecke oder auf dem Meditationskissen? Leben Sie zurückgezogen oder kommen oft Gäste? Wie viele Sitzangelegenheiten brauchen Sie? Arbeiten Sie im Wohnzimmer?

SUCHEN SIE NACH BESONDEREN STÜCKEN, die Sie glücklich machen und Ihre Geschichte erzählen. Ob komfortabler *Bubble*-Sessel, fernöstliche Kunst, die Muschelleuchte, das Star-Wars-Poster, die Kuscheldecke in Türkis oder Schätze von Ihren Reisen …

BESTIMMEN SIE DEN BLICKFANG Ihres Wohnzimmers und gruppieren Sie dementsprechend den Rest – Stühle, Accessoires, persönliche Kleinigkeiten. Oft gibt ein einzigartiges Charakterstück die Stilrichtung vor – wie zum Beispiel ein Lieblingsbild, ein farbenfroher Vintage-Teppich, ein XXL-Sofa oder auch ein Fenster mit Aussicht.

GESTALTEN SIE EINEN GESPRÄCHSBEREICH durch interessante Sitzgelegenheiten. Im Wohnzimmer dreht sich viel um Konversation.

VERMEIDEN SIE DUNKLE FARBEN IM ÜBERFLUSS, Mangel an Licht, zu viel Dramatik, unterschiedliche Muster auf kleinem Raum.

DURCHBRECHEN SIE DIE EINTÖNIGKEIT durch spannende Akzente – grafische Muster, abwechslungsreiche Texturen, Unerwartetes.

KOMBINIEREN SIE MODERNES MIT SINNLICHEM TEXTIL UND GUTE-LAUNE-DETAILS. Das wirkt lässig und wohnlich.

WIEDERHOLEN SIE ELEMENTE. Das verbindet und erzeugt Dialog.

STEHEN SIE ZU DINGEN IM USED-LOOK: Einige Kratzer auf dem Lieblingsstuhl wirken sympathisch. Sie sind der sichtbare Beweis, dass jemand hier gern sitzt.

KAUFEN SIE NICHT ALLES NEU, denn neue Gegenstände haben keine Geschichte. Wenn man Sachen über Jahre leidenschaftlich aussucht, entsteht eine emotionale Verbindung.

JEDES WOHNZIMMER BRAUCHT EINE ÜBERRASCHUNG, einen schicken Stauraum, etwas Selbstgemachtes und ein Happy-Element.

VERSCHIEBEN SIE DIE GENUSSMOMENTE NICHT AUF SPÄTER. Eine komplett fertige Wohnung gibt es nur in Wohnzeitschriften – nie im wirklichen Leben.

„Genießen Sie die kleinen Schritte, die Ihr Zuhause allmählich schöner machen."

Links: Modern American Glamour: Einrichtung von Jonathan Adler mit Accessoires in Metall. Wohnzimmertisch: *Scalinatella*, Teppich: *Talitha* aus peruanischer Lamawolle, Sofa: *Baxter*. Von Jonathan Adler

Unten: Weniger ist mehr auch in diesem Wohnzimmer in São Paulo, eingerichtet von Julliana Camargo. Stille Stars sind das zurückhaltende Farbschema, ausgewählte Möbelstücke sowie der Teppich, der auflockert und das Gesamtbild ergänzt. Hängesessel: Breton

„Beginnen Sie mit einem herrlichen Gegenstand, der Ihr Herz höher schlagen lässt. Dekorieren Sie den Rest ihm entsprechend. Stellen Sie sich vor, wie die einzelnen Elemente miteinander kommunizieren. Alles andere folgt ...“

DEBORAH BUCK, Designerin, Malerin

WOHLFÜHLWOHNEN FÜR JEDES BUDGET

Für jeden Raum gilt: Legen Sie ein Budget fest und halten Sie sich daran! Am Ende kostet die Einrichtung oft mehr als geplant. Seien Sie daher vernünftig, wenn es um die Finanzen geht. Setzten Sie Prioritäten. Für ein tolles Sofa oder Kunstwerk, das Sie begeistert, lohnt es sich durchaus, einige Monate zu warten und darauf zu sparen. Investieren Sie in hochwertige Stücke, die Sie lange begleiten.

„Das, was die Wohnung in ein persönliches Zuhause verwandelt ist ... LEBEN. Empfindungen, Wohlgerüche, Kunst, Fotos, Blumen. Zu einer einzigartigen Dekoration gehört auch ein bisschen Unordentlichkeit, ein bisschen Anachronismus, ein bisschen Poesie.“

FLORENCE RENOUF, Designerin, Inhaberin einer Agentur für Designmanagement

Loft-Gefühl: Licht, Weiß und Reduzierung auf das Wesentliche vermitteln Weite. Sofa: Bellus, Beistelltisch: Bernhard Design, Artwork: Mikko Ryhänen. Der Stuhl *CH25* von Hans Wegner ist ein Glücksgriff von einem Secondhand-Shop in Dänemark.

Ein Daybed zum Tagträumen: Das Prachtstück von John Derian lädt in dieser Wohnung in New York zum Entspannen ein. Der Boden aus Pinienholz aus dem Jahre 1850, Hyazinthen und Lieblingskissen runden die Wohlfühleinrichtung ab. Der Mix wohnlich, lässig und zeitlos zugleich. Tischleuchte: Lamps Plus, Drahtkorb: Restoration Hardware, Collage: Lisa Camp.

AUF DEM WOHNZIMMERTISCH

Mit ein paar liebevollen Details wirkt jeder Wohnzimmertisch magisch. Der Leitsatz »Weniger ist mehr« gilt auch hier. Der Wohnzimmertisch sieht besonders stilvoll aus, wenn er nicht überladen ist.

Transparenz mit Stil: Wohnzimmertisch *The Planter* von Artek.

Oldie-Zauber: Lieb gewonnene Antiktruhe als Wohnzimmertisch.

DIE BESTEN TIPPS FÜR WOHNZIMMERTISCH-ARRANGEMENTS

STELLEN SIE AUF DEN WOHNZIMMERTISCH BESONDERE DINGE, die Ihnen Freude bereiten: Bücher voller atemberaubender Fotos, Lieblingsblumen, persönliche Kleinigkeiten.

FALLS SIE BÜCHER AUF DEM WOHNZIMMERTISCH LEGEN, arrangieren Sie sie in Stapeln. Das weckt Interesse, kreiert Struktur und sorgt für Gesprächsstoff.

ACCESSOIRES IN VERSCHIEDENEN SCHATTIERUNGEN einer Grundfarbe sorgen für Harmonie. Frische Farben lockern dagegen auf.

FALLS MEHRERE DEKOOBJEKTE VORHANDEN SIND, legen Sie sie auf ein Tablett. Das vermeidet Unordnung und strahlt Ruhe aus.

VISUELLES INTERESSE WECKEN WOHNZIMMERTISCHE, die gar keine Tische sind: Koffer, Transportboxen, Schlitten, Surfboards, Beistelltische im Doppelpack, Retro-Kisten, Poufs, Baustämme. Koffer bieten außerdem praktischen Stauraum.

KLEINE RÄUME LIEBEN TRANSPARENTE WOHNZIMMERTISCHE. Sie lassen das Licht durch, und der Raum wirkt größer als er tatsächlich ist.

„Ich mag es, wenn auf dem Wohnzimmertisch Dinge liegen, die eine Bedeutung haben. Nicht einfach Vasen, die man ziellos gekauft hat, um einen bestimmten Look nachzumachen. Selbst wenn Farben und Formen aufeinander abgestimmt sind, spürt man, dass der tiefere Sinn fehlt."

RITA KONIG, Interiordesignerin

Klasse und Masse: Redlands Wohnzimmertisch aus Maserknolle von wiedergewonnenem Holz.

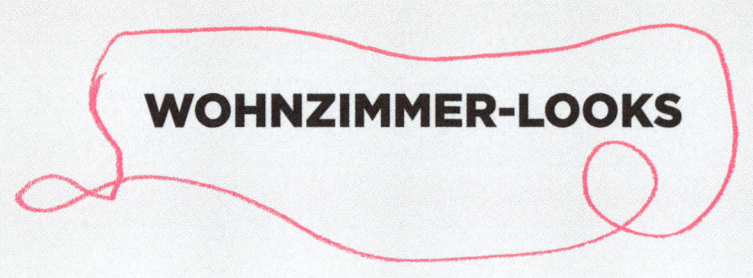

WOHNZIMMER-LOOKS

SO WIRD'S WOHNLICH

Soft-Sofa mit Kissen in Hülle und Fülle, Naturmaterialien, Stoffvielfalt, Used-Look-Accessoires, Lieblingsstücke, verschiedene Lichtquellen, Poufs, Plaids, Oldies, Persönliches, Verzicht auf Kunststoff.

SO WIRDS LUFTIG UND SCHWERELOS

Weiß, Licht, Transparenz, Hauchfeines, Filigranes, blickdurchlässige Möbel, Hängesessel, Draht- und Flechtkörbe, Papierleuchten, freier Raum unter den Möbeln, Verzicht auf dunkle intensive Farben sowie auf Leder und schwere Muster.

SO WIRD'S NACHHALTIG

Secondhand-Möbel, Produkte aus Bambus, Altholz, Kork, organischen Stoffen, die fair hergestellt werden, stromsparende Geräte, LED-Lampen, Akkus, grüne Produkte; Siegel FSC, Blauer Engel und Öko-Control, bei Textilien GOTS-Zertifikat.

SO WOHNT DER SOMMER

Licht, farbenfrohe Accessoires, Möbel in purem Weiß, Palmenprints, selbstgefundene Muscheln, Naturholz, geflochtene Körbe, lässige Arrangements, Düfte wie Lavendel, Veilchen, Ananas, Jasmin, Kokos, Maiglöckchen, Mango, Patchouli, Rosenholz, spannende Eiscremefarben wie Erdbeer, Mango, Zitrone, Orange, Apricot sowie Sorbettöne.

SO WIRD'S MASKULIN

Dunkles, grobe Oberflächen, raue Aufbewahrungssysteme, klare Formen, Schlichter, industrieller Touch, Holz, Leder, Leinen, Metall, schwarzweiße Fotografien.

SO GELINGT DER SKANDI-LOOK

Weiß, Licht, helles Holz, Schlichtes und Funktionales, Frisches und Zweckmäßiges, natürliche Materialien, Designklassiker, farbenfrohe Textilien – oft mit Naturmotiven oder grafischen Mustern, viel Grau.

SO WIRD'S ETHNO-MODERN

Kulturenvielfalt, Stoffmix, Ikatmuster, klassische Möbel, üppige Textilien, Holzfiguren, Arabesken, Sammlerstücke, massive Holzhocker, Masken, Flecht-Optik, Strickpoufs, Kelims, Accessoires in Gold und Silber, Patchwork.

SO ENTSTEHT DER INDUSTRIE-LOOK

Möbel aus Stahl, Eisen und Chrom, kühle Optik, Weite, reduzierte Formen, architektonische Elemente, Fabrikleuchten, Maschinenähnliches, Abgenutztes, exponierte Deckenbalken, Röhre und Ziegelsteine, Vintage-Lieblingsstücke, Wände, die das Gefühl vermitteln, nicht fertig zu sein, Verzicht auf Teppich und viele Textilien.

WOHNZIMMER MIT HERZ

Sommerfarben und Lieblingsstücke vor weißer Kulisse – das ist der Stoff, aus dem mein Wohnzimmer besteht. Der Raum befindet sich im Erdgeschoss meines Hauses und ist Teil des offenen Bereichs, zu dem auch Ess- und Kochbereich gehören. Bei der Üppigkeit an Farben und Flohmarktschätzen merkt man zuerst nicht, dass mein Credo „Nicht ansammeln" lautet. Erst auf den zweiten Blick ist zu erkennen, dass Stauraum fehlt. Ich entrümple gern, denn so treten die Lieblingsstücke in den Vordergrund. Auf einen Wohnzimmertisch habe ich verzichtet, da der Teppich oft als Spielplatz für meine Kinder dient. Den Stil nenne ich Happy Indie – die glückliche Fusion von Independent Spirit und mehr *Liebe pro m²*.

> „Ich glaube an Optimismus und weiße Farbe."
>
> **ELSIE DE WOLFE (1865–1950),**
> Schauspielerin, Dekorateurin

STYLE: Happy Indie

INSPIRATION: Ein vom Sperrmüll geretteter funkelnder Fotorahmen

STIMMUNGSMACHER: Selbstgemachter Hocker, Wandarrangement, poppige Farben, Lieblingsvase vom Flohmarkt in Mannheim, IKEA-Juteteppich, Fotos vom Lieblingsstrand am Schwarzen Meer, selbstgepflückte Wiesenblumen

MISSION: Joie de Vivre verströmen, den Sommer festhalten, auf Wohnzimmertisch verzichten, um Weite zu gewinnen

Der Farbenmix dieses Wohnzimmers in Finnland verlängert nicht nur den Sommer – er erklärt ihn zur Hauptsaison. Das Ensemble aus Midcentury-Möbeln und Lieblingsstücken, Licht und schicken Mustern füllt den Raum mit Charme. Die Poster sind lässig an die Wand gelehnt wie in einem Künstleratelier. Flohmarktstücke und grafische Motive runden den Look ab und stellen einen lebensfrohen Hideway des sinnlichen Wohnens dar. Der schwarzweiße Teppich stellt dazu einen kalt-warmen Kontrast dar – auch typisch für den skandinavischen Sommer. Teppich: IKEA, Kissen: Svenskt Tenn und Marimekko, Schwarzer Ledersessel: *Jetson* von Bruno Mathsson.

STYLE: Skandinavischer Sommer

INSPIRATION: Midcentury Modern, lebensfroher Kissenmix, Lieblingsjahreszeit Sommer

STIMMUNGSMACHER: Midcentury-Schätze, Gute-Laune-Farbmuster, Teppich mit grafischem Motiv, selbstgepflückte Blumen, coole Poster

MISSION: Sinnliche Leichtigkeit in die Wohnung bringen, Lebenslust versprühen, den Sommer verlängern

„Ich liebe Schwarzweiß-Poster und bunte Textilien. Die weißen Wände sind die perfekte Kulisse für sie. Ich setze auf Lieblingsstücke, die aufeinander abgestimmt sind, aber nicht matchy-matchy aussehen."

ASA GRIPENBERG, Designliebhaberin

JAMES LELAND DAY zeigt in seinem Wohnzimmer in Paris sein wahres Ich: cooler Collector. Fundstücke aus aller Welt sind Mittelpunkt von eigenwilligen Arrangements. Die Gruppierung über dem Sofa verströmt Gelassenheit und eine Prise Zufall. Die dunkle Wand wird so in ein echtes Schmuckstück verwandelt und allein der Blick darauf ist ein Erlebnis. Der Materialmix wirkt dramatisch, entspannt und lässig zugleich. Wohnzimmertisch: Kartell, Teppich: The Conran Shop, weißer Beistelltisch: West Elm, Stehleuchte: Original BTC.

„Beim Arrangieren denke ich an Format und Proportion. Ich mixe Grafiken mit Fundstücken unterschiedlicher Größen und vergewissere mich, dass nichts zu groß oder zu klein ist. Und ich vertraue meiner Intuition. Ich kaufe nie etwas, nur weil es gerade trendy ist."

JAMES LELAND DAY, Interiorstylist

„Ein glückliches Zuhause ist vor allem persönlich. Es ist ein Zuhause, das mit uns wächst und sich entwickelt. Eine Formel dafür gibt es – wie so oft im Leben – nicht. Einfach sich Zeit nehmen und nur jenes mit einziehen lassen, was uns wirklich berührt und Freude bereitet."

IGOR JOSIFOVIĆ, Blogger

Lieblingsstücke und Grau bestimmen den Charakter des Wohnzimmers von **IGOR JOSIFOVIĆ** in München. Der Blogger und Social-Media-Manager wohnt in einer 32-m²-Dachgeschosswohnung umgeben von individuellen Reisesouvenirs und dem Lieblingsstuhl *Leya*. Der schwarzweiße Teppich von Urban Outfitters bringt Geometrie ins kleine Wohnzimmer. Kuscheliges Sofa, Wandarrangement und grafische Muster sind lässig vereint im Stil des Happy Wohnens.

STYLE: Verspielt, frisch, happy

INSPIRATION: Reisen

STIMMUNGSMACHER: Dinge mit Geschichte, Wandarrangement, Grau, Lieblingsstuhl *Leya*

MISSION: Behagliche Sitzgelegenheiten kreieren, frohe Farbklänge integrieren, Happy Raum einrichten

STYLE: Global Living
INSPIRATION: Reisen, Kulturenvielfalt, die ruhigen Töne der Natur
STIMMUNGSMACHER: Lieblingsgemälde, Kamin mit Understatement, marokkanische Teekanne, sanfte Töne
MISSION: Erdverbundenheit verströmen, drei Kontinente innerhalb weniger Quadratmeter vereinen, Weltseele ausdrücken, Global Living krönen

Für eine Reise in ferne Länder muss man nicht die eigenen vier Wände verlassen. Mit der richtigen Einrichtung ist das Global Feeling überall spürbar. Marokko, Frankreich, Belgien und Skandinavien werden in diesem Wohnzimmer an der australischen Ostküste dekorativ vereint. Lieblingsbücher sind lässig auf dem Wohnzimmertisch gestapelt – Bücher, die man gern durchblättert, darunter auch ein Bildband von Modedesigner Alexander McQueen. Ein besonderes Extra ist die Sitzbank, die in die Architektur hineingemauert ist.

„Harmonie und Behaglichkeit entstehen nicht nur durch das Zusammenspiel von Licht, Farbe und Materialien, sondern auch durch das menschliche Element. Ein gezielter Mix von Stilen und außergewöhnlichen Möbelstücken, die man über Jahre zusammengetragen hat, sind die Energieträger im Wohnraum."

JUSTINE HUGH-JONES, Interiordesignerin

Dieses unkomplizierte Wohnzimmer in Kanada strahlt feinfühlige Kaminromantik und kuschelige Gemütlichkeit aus. Durch Wiederholung der Farbe Weiß sorgt Interiordesignerin **REBECCA LAPRES** für Harmonie und trifft so mitten ins Herz. Das weiße Farbschema lässt den Raum größer wirken. Bücherregal *Billy* und Kamin sind Blickfang des Raums und die neu bezogenen Sofas laden zum Entspannen ein. Ein schöner Akzent sind die Bücher – einige sind Erbstücke aus dem 18. und 19. Jahrhundert.

„Ich liebe Weiß.
Wenn es in einem Raum
genug Weiß gibt, geschieht
etwas Erstaunliches.
Die weiße Farbe wirkt nicht
nur beruhigend und sanft.
Sie tendiert dazu, die
kleinen Unperfektheiten zu
vertuschen. Das ist
das Paradox des weißen
Interieurs: es verzeiht ...“

KELLY BEHUN,
Interiordesignerin

STYLE: Weiße Poesie

INSPIRATION: Landhaus-Romantik

STIMMUNGSMACHER: Wiederholung von Weiß, alte Sofas mit neuem Bezug, Erbstücke, persönliche Kleinigkeiten

MISSION: Auf Landhaus-Look setzen, Entspannungsgefühle auslösen, das einfache Leben genießen

Ob Understatement oder Starparade – im Wohnzimmer der australischen Architektin MADELEINE BLANCHFIELD dreht sich alles um Selbstausdruck und Liebe zum Design. Einige wenige qualitätsvolle Elemente sorgen für Wärme und legere Eleganz. Kunst, weiße Regale und Erinnerungsstücke bilden eine coole Bücherecke. Zeitlose Designschätze von Eames und Saarinen sind Blickfänge und krönen die Einrichtung.

„Tragen Sie Lieblingsstücke zusammen und Möbel, die eher klassisch sind. Sie werden Ihnen lange Freude bereiten. Viel länger, als wenn Sie einen bestimmten Stil kopieren."

MADELEINE BLANCHFIELD, Architektin

STYLE: Modernismus trifft auf australische Ästhetik

INSPIRATION: Zeitloses Design, Richard Neutra, Ray und Charles Eames

STIMMUNGSMACHER: Kunst, klare Formensprache, Eames-Stühle, Saarinens *Womb*-Ledersessel

MISSION: Lounge-Atmosphäre verströmen, zeitloses Design zelebrieren, elegantes Wohnen zum Erlebnis krönen

STYLE: Jenseits von Afrika

INSPIRATION: Die Sanddünen in Namibia

STIMMUNGSMACHER: Kaminromantik, Lieblingsstücke von unvergesslichen Reisen, opulentes Weiß, Afrika-Feeling

MISSION: Die Welt mit anderen Augen betrachten, die Faszination Afrikas und die Lust am Reisen mit Tiefgang spüren lassen

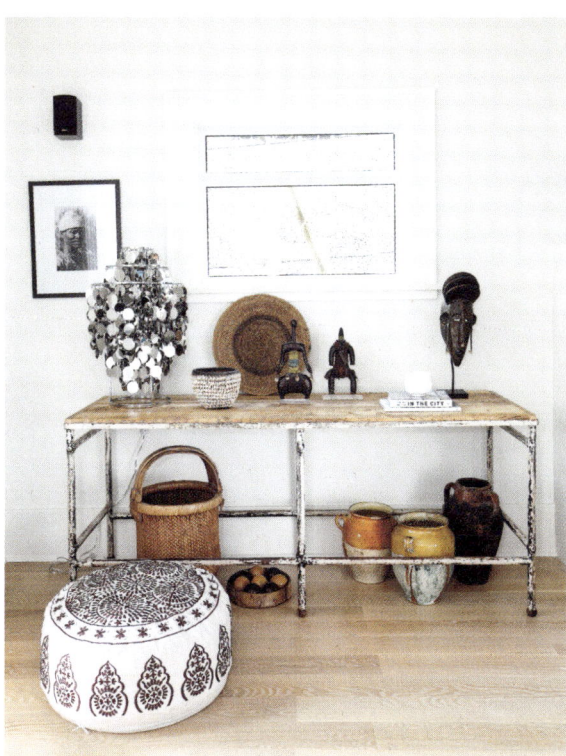

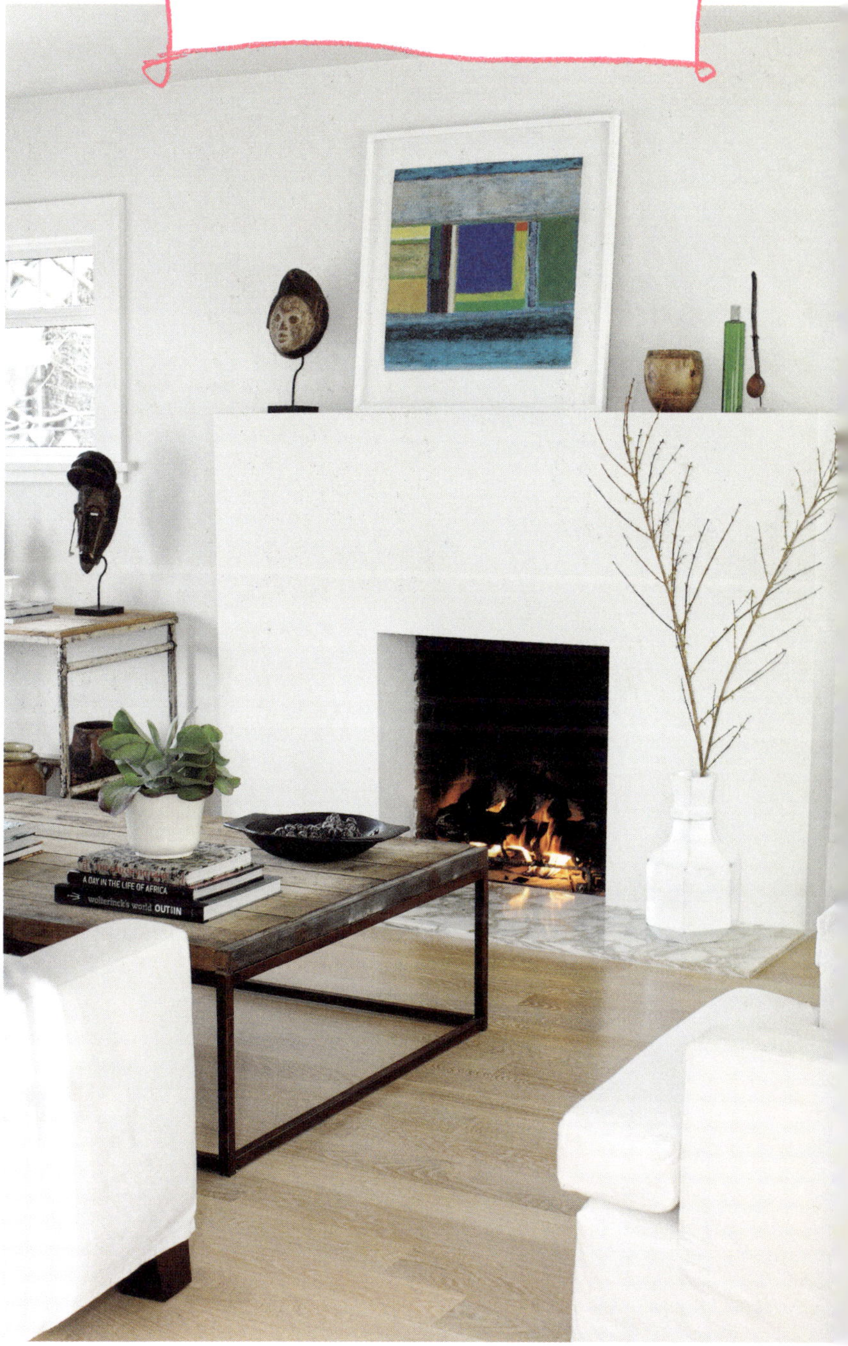

„Mein Ziel ist die Einfachheit. Ich mag keine Muster."

VICENTE WOLF, Interiordesigner

In diesem kleinen Wohnzimmer in Kanada dreht sich alles um Afrika. Souvenirs und Antikvasen lassen die Faszination des Schwarzen Kontinents spüren und bilden ein harmonisches Ganzes. Ohne Farben und Muster strahlt das ruhige Umfeld Charakter und Gemütlichkeit aus. Man erkennt schnell, dass die Bewohner Dinge lieben, die einfach, aber gut sind und von Reisen jenseits des Massentourismus erzählen.

„Ich versuche immer einen Hauch Spaß und Eigenwilligkeit in die Einrichtung zu integrieren. Wenn sie ernst
aussieht, vermisst man die Lockerheit. Deshalb betone
ich die Leichtigkeit, das Licht und die persönliche Geschichte.
Denn erst die Geschichte macht den Raum kostbar."

STEWART HORTON, Interiordesigner

Dieses Wohnzimmer in Australien verrät, dass der
Wohnungseigentümer ein Faible für Bücher, Farbe und
Designklassiker hat. Weißer Hintergrund, wenige Möbel
und Licht lassen den Raum größer erscheinen. Sessel
und Kissen laden zum stundenlangen Verweilen ein.

STYLE: Fun, Chic & Glamour

INSPIRATION: Kunst vom australischen Shop Lark
über dem Kamin, persönliche Sammlung

STIMMUNGSMACHER: Bücher, Kunst und Textilien
als farbige Akzente, Vintage-Sessel von Eames,
David Weeks Holzroboter und Leuchte

MISSION: Komfortablen Raum kreieren, Kunst und
Lieblingssammlung in die Einrichtung integrieren,
Spaß und Klassik vereinen

STYLE: Strandleben trifft auf Designklassik

INSPIRATION: Die Kunstwerke des brasilianischen Street-Art-Künstlers Toz, der Tag am Meer, klassische Designstücke

STIMMUNGSMACHER: Gute-Laune-Farben, Lieblingsbücher, blaue Hängeleuchten, Design-Stühle, persönliche Kleinigkeiten

MISSION: Positive Energie durch Street-Art verströmen, Wohnen mit Klassikern mit der Leichtigkeit des Lebens am Meer verbinden

Das Leben am Meer ist wie Glückshormon. Auch in diesem offenen Wohnzimmer in Rio de Janeiro, das direkt am Strand von Ipanema liegt. Die großformatigen Werke des brasilianischen Street-Art-Innovators Toz strahlen positive Energie aus und geben den Gesamtton an. Weiß in Kombination mit Türkis, Knallrot, Lila und Orange verströmt gute Laune und einen Hauch von Eklektizismus. Die Liebe zu klaren Linien und klassischem Design ist überall spürbar. Ein Extra, das begeistert: die Lieblingsstühle *Forest* vom Designduo Robby und Francesca Cantarutti.

„Wir verzichten auf unnötige Details und dekorative Extras. So ziehen nur die wesentlichen Elemente den Blick an."

HUGO SCHWARTZ UND ALEXANDRE GEDEON,
Architekten

Die Interiordesignerin **ALLISON DEHN BLOOM** hat ihren offenen Raum in San Francisco ebenso klassisch wie ladylike eingerichtet. Hauptdarsteller ist das Lieblingsgemälde von April Down Parker. Organische und feminine Elemente sind hierfür die perfekte Kulisse. Das Kunstwerk im Überformat dient als Inspirationsquelle und verströmt einen Hauch von Glamour. Magnolien schmücken sanft die Tischfläche und holen die Natur ins Haus. Holz, Leinen und gedeckte Töne versprühen feinfühlige Leichtigkeit und einen Hauch femininer Eleganz.

„Schönheit zu kreieren ist eine der größten und aufregendsten Ausdrucksformen des menschlichen Geistes.“

ALLISON DEHN BLOOM, Interiordesignerin

Das Wohnzimmer von **MICHAEL MALMBORG** in Stockholm macht deutlich, dass seine Möbel Happy-Cool-Feeling verströmen. Der schwedische Produktdesigner kehrte der Werbeindustrie den Rücken und gründete seine eigene Firma für Produktdesign. Farben mit Strahlkraft, viel Licht und ungewöhnliche Ideen zaubern ein Lächeln und verströmen positive Energie. Die Birkenäste krönen die Einrichtung, ohne sie zu dominieren. So wie in seiner Arbeit weckt auch das Wohnzimmer des Designers Neugier und sorgt für Überraschung, Verwirrung und Liebe.

STYLE: Scandi Cool

INSPIRATION: Retro-Poster

STIMMUNGSMACHER: Selbstentworfene Möbel, Lieblingsposter, Farben mit Strahlkraft, Kristall-Kronleuchter, Wohnzimmertisch von Lyx, Hauch von Retro und Provokation

MISSION: Flexible Raumaufteilung kreieren, Lieblingsposter scheinen lassen, gute Laune verströmen

„Wählen Sie Farben, die Sie glücklich machen.
Farben, die Sie beruhigen, aber nicht langweilen."

MYRICA BERGQVIST, Interiorstylistin

Der brasilianische Architekt **FABIO GALEAZZO** beweist, dass man mit klar abgegrenzten Farbfeldern offene Wohnzimmer besonders persönlich gestalten kann. Die außergewöhnliche Kombination aus Lila, Gelb und Grau verleiht dem Raum in São Paulo dezenten Glanz. Dass Entspannung und Komfort hier das Wichtigste sind, ist nicht zu übersehen. Die Dekoration folgt keinen festen Regeln. Schließlich ist nichts luxuriöser als die Freiheit des entspannten Individualismus. Sofa: Artifact B & C, Teppich: Rug Revolution.

„Die Wärme ist eine unterbewusste Botschaft, die durch Balance von Formen, Tönen und Humanität erweckt wird."

VICENTE WOLF, Interiordesigner

STYLE: Entspannter Individualismus

INSPIRATION: Fotografie, Asien, Leute mit individuellem Stilbewusstsein

STIMMUNGSMACHER: Ungewöhnliche Farbfelder, Lieblingsfotografien, edle Materialien, Bambusstühle, Hauch von Asien

MISSION: Entspannten Individualismus verströmen, Freiheit atmen, Wohnen erleben

„Unerwartete Gruppierungen strahlen Charakter aus. Es ist nicht nötig, dass alles aufeinander abgestimmt ist. Verstecken Sie das kleine Foto, das Sie als Kind geliebt haben, nicht in der Schublade, nur weil es zu Ihrem Andy-Warhol-Poster nicht passt."

MYRICA BERGQVIST, Interiorstylistin

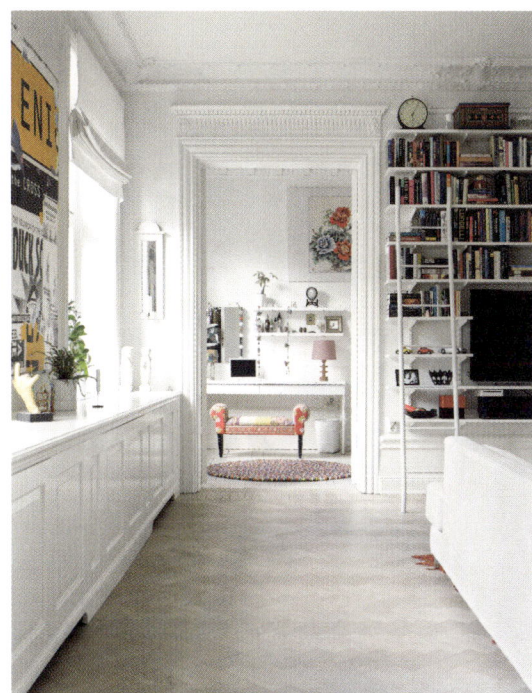

STYLE: Happy Glamour

INSPIRATION: Kunstgalerie

STIMMUNGSMACHER: Großartige Arrangements als persönliches Statement, Bilderrahmen, die Zeitschriftenausschnitte wie Kunst wirken lassen, fröhliche Farben, Nixon-Porträt als Blickfänger, Spiel mit Rahmen und Anordnung, anregende Pinktöne, Hauch von Luxus

MISSION: Luftigkeit spüren, Glück verströmen, Happy Wohnen zu Kult erklären

Weiß und bunt sind dicke Kumpels. Besonders in diesem Wohnzimmer in Schweden. Die Knallfarben sprühen vor Lebenslust, und die weiße Wand ist dafür die perfekte Bühne. Kunst, Poster und Zeitschriftenausschnitte bilden ein einzigartiges Arrangement. Rahmen, Farben und Formate folgen keinen festen Regeln. Der Zeitschriftenausschnitt mit dem Nixon-Porträt zaubert ein Lächeln auf das Gesicht des Betrachters und ist der perfekte Blickfänger. Alle Lieblingsstücke sind lässig in Szene gesetzt und wirken wie Kunstwerke in einer Galerie.

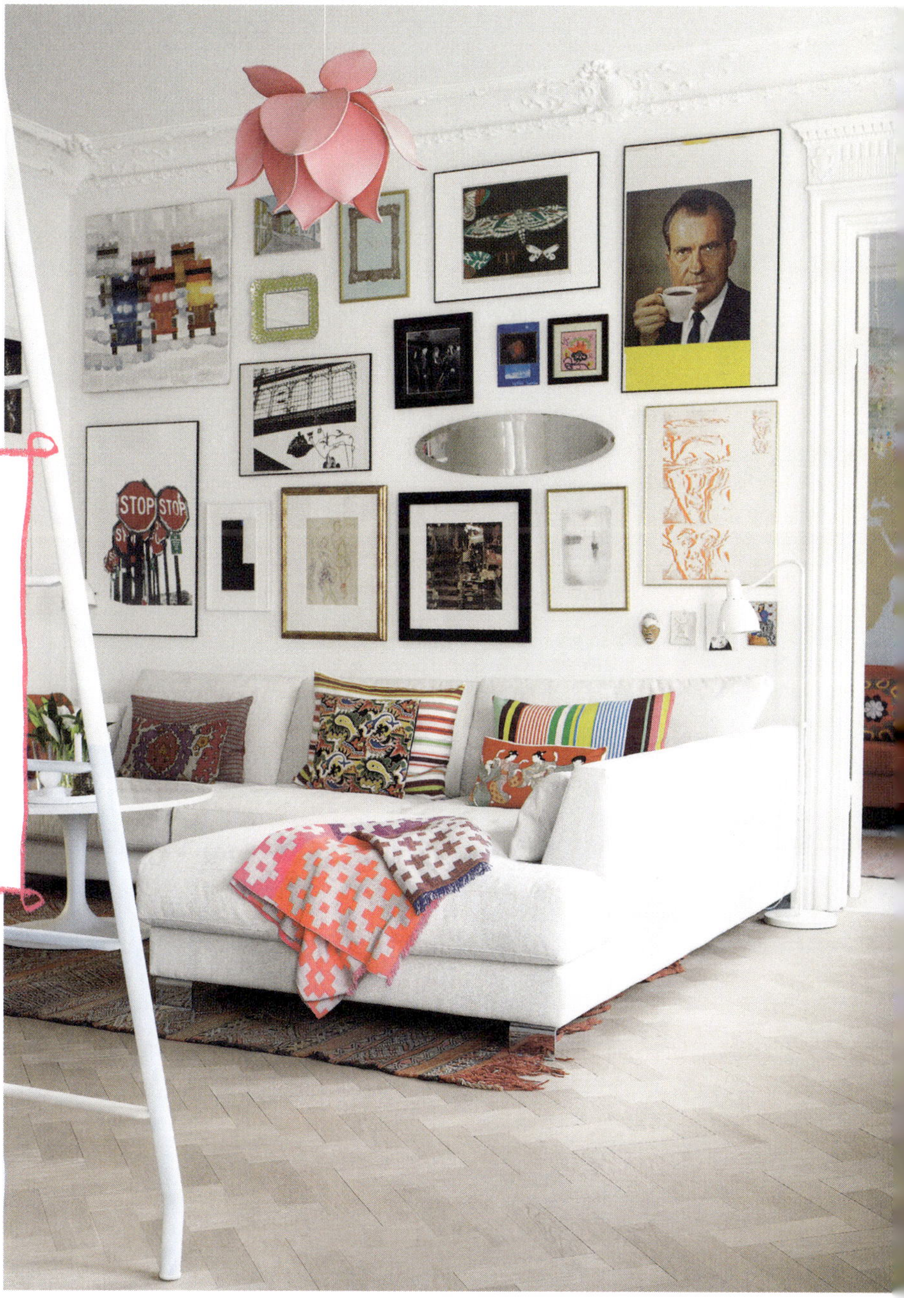

KÜCHE

Kochen und Genießen ist eine Lebensart. Die Traumküche verkörpert sie morgens, mittags und lange nachdem die Sonne im Horizont versunken ist. Das neue Kochgefühl inspiriert ihr Designrezept. Die Enthüllung der wichtigsten Zutaten zeigt, dass Wohlfühlen und Experimentieren ganz oben stehen. Ein modernes Kochreich hat Stil, Funktionalität und Stauraum. Es versteckt sich nicht mehr hinter verschlossenen Türen, sondern verschmilzt mit dem Wohnraum. Es bietet Arbeitsfläche, duftet nach gesundem Essen und ist voller Leben.

Appetit auf Weiß:
Weiß ist Reinheit und
Leichtigkeit. Und seit
Jahren das Hit-Rezept in
der Küche. Gute-Laune-
Accessoires lassen
sich zu Weiß beliebig
variieren.

EINZEILIG

U-FORM

ZWEIZEILIG

INSELKÜCHE

L-FORM

FREIE KÜCHENMODULE

VERSCHIEDENE KÜCHENTYPEN

Die Konfiguration der Küche ist raum- und geschmacksabhängig. Je nach Form gibt es einzeilige oder zweizeilige Küchen, Küchen in L- oder U-Form sowie Inselküchen und freie Küchenmodule. Besonders beliebt sind offene Küchen, die mit dem Ess- und Wohnraum verschmelzen.

EINZEILIGE KÜCHE

Die einzeilige Küche ist optimal für schmale und kleine Räume. Bei ihr findet die Aneinanderreihung von Schränken, Spüle und Kühlschrank an einer Wand statt. Da statt Unterschränken oft Spülschrank, Wasserröhre, Geschirrspüler und Kühlschrank vorhanden sind, gewinnt man Stauraum mit Hochschränken sowie einem klappbaren Tisch als zusätzliche Arbeitsfläche oder Frühstücksnische. Vorteil: Eine einzeilige Küche benötigt wenig Platz.

ZWEIZEILIGE KÜCHE

Die zweizeilige Küche gleicht einem Korridor. Bei ihr findet die Aneinanderreihung von Schränken und Geräten an zwei gegenüberliegenden Wänden statt. Sie eignet sich besonders für längere Räume, Übergänge und offene Wohnküchen. Um die Bewegungsfläche in der Küche zu gewährleisten, sollte der Abstand zwischen den sich gegenüberstehenden Reihen mindestens 1,30 Meter sein. Bei Abständen mit weniger als 1,20 Metern können sich gegenüberstehende Türen mit Standardbreite 60 Zentimeter nicht gleichzeitig öffnen. Vorteil: Sie bietet ausreichend Arbeitsfläche.

L-FORM

Die L-förmige Küche ist vielseitig und beliebt. Bei ihr findet die Aneinanderreihung von Schränken und Geräten an zwei perpendikulären Wänden statt, die auf Ecke miteinander verbunden sind. Das Dreieck ist klein und effizient, da die Arbeitswege kurz sind. Vorteil: die offene Form und Übersichtlichkeit.

U-FORM

Bei der U-förmigen Küche findet die Aneinanderreihung von Schränken und Geräten an drei Wänden statt. Das führt zu optimaler Raumnutzung und einem Maximum an Stauraum. Nachteil: Bei Hochschränken an allen drei Wänden wirkt die Küche oft überladen.

INSELKÜCHE

Wenn Arbeitsfläche – manchmal samt Spüle oder Kochfeld – frei als Insel in der Küche steht, spricht man von einer Inselküche. Diese Konfiguration ist wie geschaffen für L-förmige Küchen und gemeinsames Kochen. Die Insel bietet zusätzlichen Stauraum, benötigt aber auch Platz. Um das Weitegefühl zu bewahren und guten Arbeitsfluss zu gewährleisten, erfordert sie einen Mindestabstand von 1,30 Metern um sich. Deshalb ist sie besonders für größere Räume geeignet. Nachteil: Bei Kochinseln wirkt die Inselhaube oft beengend.

FREIE KÜCHENMODULE

Moderne Designer-Küchen mit freier Zusammenstellung von Küchenzeilen. Vorteil: Die freistehenden Module sind nicht wandorientiert. Nachteil: sie erfordern mehr Platz.

Lieblingsbegleiter: stilvolles Artwork, Pflanze mit Blumentopf gedeckt mit Altpapier sowie selbstgepflückte Frühlingsblumen hübschen diese Küche auf und leisten dem Koch Gesellschaft.

TIPPS FÜR EINE GELUNGENE KÜCHENGESTALTUNG

GESTALTEN SIE NACH PRIORITÄTEN. Machen Sie eine Liste mit allem, was Ihnen in der Küche wichtig ist. Falls Stauraum an erster Stelle steht, bieten sich tiefe Schränke und die optimale Nutzung des vertikalen Raums an. Wenn das Gefühl von Weite Ihre Kochlust beflügelt, verzichten Sie besser auf Oberschränke.

OFFEN ODER VERSTECKT SOLL ES SEIN? Überlegen Sie, ob Sie ein Kochreich mit unsichtbarem Alltagsgeschirr wünschen oder mit offenen Regalen, die buntes Geschirr in Szene setzen.

DIE FARBE DER KÜCHENFRONTEN IST DER BLICKFANG. Setzen Sie auf Farbe, die mit Wand und Boden harmoniert und Ihr Herz erfreut. Zeitlose Farben sind immer eine gute Wahl. Trendige Knallfarben eignen sich als Akzentfarbe für offene Regale, Leuchten, Geschirr und Geschirrtücher.

DA EFFIZIENZ, FUNKTIONALITÄT UND GERÄTE DEN TON IN DER KÜCHE ANGEBEN, braucht man hier mehr als in anderen Räumen Lieblingsstücke, farbige Akzente und persönliche Kleinigkeiten.

HÄNGEN SIE ZEITLOSE SCHWARZWEISSE FOTOS IM ÜBERFORMAT auf oder ein Gemälde, das man üblicherweise im Wohnzimmer findet. Setzen Sie in Szene Dinge, die unerwartet sind. Das erzeugt Spannung. Fügen Sie Naturkörbe und farbenfrohe Kisten hinzu.

KREIEREN SIE EINEN AUTHENTISCHEN MIX HOCHWERTIGER MATERIALIEN: Holz, Glas, Edelstahl, Marmor, Keramik.

PLANEN SIE GENÜGEND STECKDOSEN EIN und setzen Sie auf widerstandsfähigen Bodenbelag. Für fließende Übergänge und offenes Wohnen sind durchgängige Bodenbeläge perfekt.

BEI DER WAHL DES SPÜLBECKENS BEACHTEN SIE SEINE GRÖSSE. Sie sollten auch Ihr Backblech darin waschen können.

FALLS GENUG PLATZ ZUR VERFÜGUNG STEHT, LASSEN SIE EINE KÜCHENINSEL DER STAR SEIN. Die Trauminsel des Alltags liegt nicht in der Karibik, sondern in der eigenen Küche. Sie ist Arbeitsfläche, Stauraum und Frühstückstisch zugleich. Wenn Sie sie mit zwei Barhockern ausstatten, kann jeder mit dem Koch stundenlang experimentieren und lachen.

DIE BELEUCHTUNG SPIELT EINE GRUNDLEGENDE ROLLE in der Küche. Die Leuchten teilen eine große Küche in Zonen ein, beleuchten die Arbeitsflächen und stellen Akzentbeleuchtung für Regale, Schränke und Besonderes dar. Über Kücheninseln wiederholt man oft die Lampen. Um mehr Luftigkeit zu erzeugen, verzichtet man auf Sockel und beleuchtet die Küche von u..

Tropical modern: mit Fliesen in Aquamarin von Marazzi, IKEA-Küche, Pelargonien und dem Lieblingsblender Vitamix.

Ganz links: Zart statt hart: glatte Oberflächen, Reduzierung aufs Nötigste, großzügige Abstände und verstecktes Geschirr zaubern einen zierlichen Wohnküchen-Look. Die Leuchten von Tom Dixon wirken wie Schmuckstücke.

Links: Zurück zur Natur mit natürlichen Materialien, hellem Holz und viel Licht. Blickfang sind die Barhocker von Avenue Road sowie die Pendelleuchten von Bombast.

Oben: Rustikal trifft auf Industrie-
Coolness: Warmes Holz, Industrieleuchten von Ebay und Spruchtafel
für Lieblingsrezepte machen Appetit und verleihen Persönlichkeit.
Insel: Villa Maison.

Links: Moderne Romanze: Wenn
edler Materialmix auf gutes
Handwerk trifft, entsteht etwas
Außergewöhnliches – und bestimmt auch viel Leckeres.

„Bleiben Sie gelassen.
Irgendetwas steht immer herum.
Aber gerade das macht
die Küche lebendig."

BLICKFANG REGAL

Offene Regale sind praktisch und schön.
Sie lockern die Atmosphäre auf, erzeugen
Spannung und bieten viel Platz für Nütz-
liches und Schönes.

Mitbewohner: Regale
mit Nostalgie-Note und
praktischen Schätze
ohne Kunststoff.

„Verstecken Sie Ihr Lieblingsgeschirr nicht
in verschlossenen Schränken.
Spielen Sie mit Formen und Höhen, um auf-
regende Landschaften auf Ihren Regalen
zu kreieren, und fügen Sie Pflanzen hinzu, denn
sie bringen die Küche zum Strahlen.“

SALLY CONRAN, Interiorstylistin

WAS REGALE LIEBEN

PERSÖNLICHKEIT

Da in der Küche bereits viel Raum mit Geräten besetzt ist, mögen Regale lieb gewonnene Schätze, persönliche Kleinigkeiten und Unerwartetes.

FARBE

Geschirr, das nach Farben gruppiert ist, sowie Gute-Laune-Farben wie Flammingorosa, gebrochenes Altweiß, Lagunenblau, Mint, Sonnengelb.

ORGANISATION

Regale lieben Ordnung und Organisation. Stellen Sie Sachen, die Sie täglich benutzen – Kaffeebecher, Wassergläser, Salz, Gewürze – griffbereit nach vorne, während selten Benutztes besser im Schrank verbleibt.

WIEDERHOLUNG

Zeigen Sie Ihre Sammlung schöner Dosen, origineller Gewürzbehälter und Kerzenständer.

MINIMALISMUS

Sammeln Sie nicht an. Präsentieren Sie nur nützliche oder schöne Dinge. So wirken die Regale lebendig, leicht und luftig.

KONTRAST

Stellen Sie Alt neben Neu, Dunkel neben Hell, Schweres neben Filigranes. Das erzeugt Dynamik. Ein spannendes Regal lebt vom Kontrast.

Shabby Love: Marmor-Arbeitsplatte, zartes Grau und Lieblingsstücke inklusive.

KÜCHEN MIT HERZ

Zu viel Antikes wirkt in einer Küche oftmals schwer. Ein Einzelstück hat dagegen das Zeug zum Star und kann sie in eine Traumkochfabrik verwandeln. Zwei Stilwelten – Antik und Hightechoberflächen – treten in einen emotionalen Dialog in dieser Küche in Australien. Weiß, Edelstahl und wenige Blickfänge sorgen für Vergrößerungsillusion und betonen das Gefühl von Weite. Der Antikschrank bietet unendlichen Stauraum und ist glamouröser Oberschränkeersatz.

STYLE: Ethno Modern

INSPIRATION: Reisen, Vintage, die Profi-Küchen im Fernsehen

STIMMUNGSMACHER: Charakterstück Antikschrank, Kombination von Edelstahl und Weiß, Industrieleuchte, Vintage-Hocker

MISSION: Antiken Glamour dezent integrieren, das Gefühl von Weite betonen, Funktionalität und Schönheit vereinen

„Der gute Geschmack ist die Zuversicht, Risiken einzugehen und einen weiteren Schritt zu wagen. Es ist das feine Gespür, wann man die Grenze überschreiten soll und wann nicht."

JOHNSON HARTIG, Modedesigner

„Die Küche wirkt einladend und bietet genug
Raum zum Zusammensein. Das Thema Orange
zieht sich durch die ganze Wohnung."

JESSICA BETTENAY, Stylistin, Shopinhaberin

Wie viel Magie auf wenigen Quadratmetern stecken kann, zeigt diese
Küche in Australien. Die kleine
Fläche spornte Designerin JESSICA
BETTENAY an, Prioritäten zu setzen.
Australisches Altholz, Weiß und
Orange wirken stilbildend. Die
Stühle sind Blickfang und Stimmungsaufheller zugleich; sie lassen
die australische Sonne scheinen
und verführen zum Plaudern und
Genießen. Die Insel ist maßgefertigt
und bietet zusätzliche Arbeitsfläche.
Barhocker: Matt Blatt.

Die Küche von **ASA GRIPENBERG** aus Finnland versprüht Optimismus und Kochfreude. Ohne Oberschränke wirkt sie leicht und luftig. Die schwarze Wand ist Einkaufszettel, Malboard und Hingucker zugleich. Mit Kreide kann man darauf Rezepte schreiben. Die L-förmige Küche ist von IKEA. Geschirrtuch: Marimekko, Küchentablett schwarzweiß: Svensk + Tenn, Kindermöbel: IKEA.

STYLE: Scandi Love

INSPIRATION: Die Häuschen Skandinaviens, Astrid Lindgren, Licht

STIMMUNGSMACHER: Viel Weiß, schwarze Wand für spontane Notizen, Platz für kleine Küchenhelfer

MISSION: Küche voller Licht kreieren, gute Laune verbreiten, Lob des Einfachen aussprechen

„Weiß für mehr Großzügigkeit. Fenster für mehr Licht. Ein Qualitätsboden für Eleganz. Tolles Geschirr für den täglichen Gebrauch. Leckeres Food und unbeschwertes Lachen für Wärme und Atmosphäre. So hat man alle Zutaten für eine Küche mit Soul."

ADA BURCIU, Bloggerin

„Eine Einrichtung braucht Zeit, um zu wachsen. Das Leben ist keine TV-Einrichtungsshow, in der alles über Nacht geschieht. Das Interieur wird für einen langen Zeitraum Teil Ihrer Welt sein. Machen Sie es daher so, wie Sie es haben wollen."

EDDIE ROSS, Stilexperte, Redakteur

Die Küche des schwedischen Produktdesigners und früheren Marketinggurus **MICHAEL MALMBORG** ist wie seine Designs: simpel, ehrlich und cool. Das Zusammenspiel von Alt und Neu verbreitet gute Laune. Die Poster bringen Retro-Flair in die ansonsten puristische Küche. Offene Atmosphäre und lebensfroher Spielraum für Kochwünsche und Experimentierfreude.

STYLE: Retro Modern

INSPIRATION: Die 1970er-Jahre , skandinavisches Design mit originellem Twist, Puristik des 21. Jahrhunderts

STIMMUNGSMACHER: Weiß, Retro-Poster, Leuchten, Vintage-Stühle, die Spuren von Zeit tragen

MISSION: Lichtdurchflutete Küche kreieren, Alt und Neu mixen, in optimistischer Atmosphäre das Kochen genießen

„Meine Familie versammelt sich oft und gern in der Küche. Deshalb ist uns eine lockere, fröhliche Atmosphäre wichtig. Der SMEG-Kühlschrank in Pink und der Geschirrspüler in Rot geben der klassischen, schwarzlackierten Küche positive Energie."

JOSÉPHINE VÉRINE-GINTZBURGER, Interiordesignerin

STYLE: Deutscher Minimalismus trifft auf französische Üppigkeit

INSPIRATION: Mode, Architektur

STIMMUNGSMACHER: Kunst von Judith Hümer, offene Regale, Pops von Pink, Kühlschrank im 1950er-Jahre-Look

MISSION: Elegante Küche einrichten, Nützliches auf offene Regale stellen, einen Hauch von Glamour verströmen

Die Küche der deutsch-französischen Interiordesignerin **JOSÉPHINE VÉRINE-GINTZBURGER** in Paris lässt ihre Leidenschaft für Mode und Architektur erkennen. Für optisches Vergnügen sorgen stilvolle Kontraste und das Artwork der österreichischen Künstlerin Judith Hümer, das den Ton der Einrichtung vorgibt.

„Meine Küche ist farbenfroh und macht neugierig. Sie ist modern, obwohl viele Sachen bereits meiner Oma gehörten. Und die Farben passen gut zueinander, weil sie Primärfarben sind. Und weil sie mit Liebe ausgewählt sind."

CAROL D'AVILA,
Grafikdesignerin

Entgegen der weit verbreiteten Meinung wirkt Schwarz in kleinen Räumen gemütlich. In der Küche von **CAROL D'AVILA** in Brasilien sorgt es für räumliche Großzügigkeit wie in einer großen Wohnküche. Kontrastierende Farbfelder, weiße Fronten und eine clevere Organisation unterstützen das Gefühl von Weite. Eine Multifunktionalinsel hilft, die Arbeitsfläche zu vergrößern. Die Küche wirkt bunt ohne bunte Küchenfronten. Hinter der gelben Schiebetür verbirgt sich versteckter Stauraum. Die Farbe bringt brasilianische Sonne in den Raum und verwandelt die Küche in einer Kochoase voller Freude. Den Kühlschrank von Frigidaire – ein Erbstück von der Oma – hat Carol in Rot selbstgestrichen. Schalen: Anthropologie.

In meiner Küche spürt man die Meeresbrise nicht nur im Sommer.
Die Fliesen habe ich monatelang ausgesucht, damit ihre Farbe der
des Meeres an den Thracian Cliffs – meinem Lieblingsspot am
Schwarzen Meer – ähnelt. Jetzt lächelt meine Seele jedes Mal, wenn
ich die Küche betrete. Sie ist schlicht, luftig und vor allem happy. Die
weißen Fronten intensivieren das Licht. Auf Oberschränke habe ich
bewusst verzichtet, um Weite zu gewinnen. Und obwohl die IKEA-
Küche neu ist und keine Geschichte erzählt, ist der restliche Raum
voller Lieblingsstücke: Flohmarkt-Palmengemälde, Buddha-Statue,
Naturteppich, Pelargonien von meiner Oma …

STYLE: Tropical Modern

INSPIRATION: Thracian Cliffs

STIMMUNGSMACHER: Palmengemälde,
IKEA-Hängeleuchten, Flohmarktteppich,
Tisch aus Restholz, Marazzi-Ziegelfliesen

MISSION: Frisches Gesamtbild kreieren, an
Thracian Cliffs erinnern, Gefühl von
Weite verbreiten, Stauraum organisieren,
Spaß am Kochen ausstrahlen

**„Licht, Lieblingsstücke und positive
Farben – jeder Quadratmeter soll Optimismus ausstrahlen und für etwas
benutzt werden, das Freude bereitet.“**

MARIA SPASSOV

„Die Luxusfliesen sind teuer, wenn man sie für ein ganzes Bad kauft, aber in der Küche braucht man nicht so viele Fliesen. Deshalb kann man sich die besten leisten."

MICHAEL HABACHY, Interiordesigner

Der Interiordesigner **CHARLES DE LISLE** verbindet in diesem kalifornischen Kochreich gekonnt moderne Architektur und Patina miteinander. Es gibt Weniges, was ablenkt. Die schlichten Fronten verbergen alles: Geräte, Alltagsgeschirr, Krimskram. Die Aufteilung lässt viel Bewegungsfreiheit zu. Star ist der Küchenblock mit großer Arbeitsfläche und Spüle. Die Fliesen erzeugen Spannung, und die Lieblingsleuchten verleihen dem modernen und kühlen Übergangsraum einen Hauch von Magie und Wärme.

„Die Kosten für eine Küche samt Ausstattung können Sie ruinieren, wenn Sie sie aus dem Ruder laufen lassen. Setzen Sie Grenzen und differenzieren Sie zwischen Extravaganzen und Must-Haves. Unsere kleinen Extravaganzen sind die Glasfronten-Oberschränke mit integrierten LEDs sowie die stilvollen Beine für die Unterschränke."

NICOLE LAMAC, Grafikdesignerin, Marketingexpertin

Die Grafikdesignerin **NICOLE LAMAC** kennt die besten Zutaten für eine ruhige Raumwirkung: das Vorherrschen eines Grundtons sowie Symmetrie. In ihrer zweizeiligen Küche in Kanada finden wir beides. Die Lieblingsecke der Familie ist die stilvolle Frühstücksecke mit den selbstgepolsterten Stühlen. Jeder Gegenstand dort ist ein Secondhand-Kauf. Fotografien und Kommoden sorgen für Ordnung und verleihen einen Hauch von Moderne. Stiller Nebendarsteller ist Pink, das dezente Akzente setzt. Kreidetafel: ReStore, Stühle und Vintage-Leuchte: Used Victoria, runder Tisch: ein Glücksgriff für 5 € von Ebay. Kommoden von Used Victoria, die Nicole in Grau gestrichen hat, die Griffe jedoch unbehandelt ließ.

STYLE: Modern Classic

INSPIRATION: New York

STIMMUNGSMACHER: Weiße Fronten, Lieblingsteppich aus Persien, Frühstücksecke, John-Van-Koert-Stühle, DIY-Polsterung, Ahornkommoden, Kreidetafel, Pfingstrosen vom eigenen Garten

MISSION: Einladendes Kochambiente kreieren, den vertikalen Raum nutzen, stilvolle Frühstücksecke einrichten, einen Hauch von Klassik verströmen

STYLE: Nature Chic

INSPIRATION: Natur, Skandinavien, Federn im Rahmen von Lola & Kate

STIMMUNGSMACHER: Türfronten aus Altholz, zurückhaltendes Farbschema, offene Regale, Subway-Fliesen, Arbeitsplatte aus Beton, schachbrettartige Bodenfliesen

MISSION: Auf Oberschränke verzichten, spannenden Materialmix kreieren, auf schlichte Schönheit und gutes Handwerk setzen

Naturverbundenheit mit Stil fühlt sich gut an. Auch in dieser Küche in Amsterdam. Der Interiordesigner JAMES VAN DER VELDEN setzt auf warmes Altholz, das sich in Kombination mit Weiß, Beton und Mangel an Oberschränken von seinem rustikalen Image entfernt und in moderner Optik erscheint. Schwarzweiße Kontraste geben der Holzküche einen originellen Twist. Der außergewöhnliche Mix ist der stille Star der Einrichtung und wirkt besonders individuell. Herd: Boretti.

> „Meine Lieblingsküche ist offen, attraktiv und verfügt über die größtmögliche Arbeitsfläche. Töpfe, Schüssel und Teller sind dekorativ arrangiert. Schließlich sollte nicht alles hinter geschlossenen Türen versteckt werden."

JAMES VAN DER VELDEN, Interiordesigner

ESSZIMMER

Kulinarische Erlebnisse und ein
spannendes Dekor sind die Grundzutaten
eines einzigartigen Esszimmers.
Separate Speiseräume strahlen den Charme
vergangener Zeit aus. Die Wohnräume
der Gegenwart verschmelzen. Das Esszimmer
von heute ist ungezwungener Teil des
Wohnzimmers oder des offenen Kochbereichs.
Weg frei für viel Raumgefühl,
belebende Farben und tägliche Genussmomente – mit oder ohne Anlass!

ESSTISCH

Das größte Charakterstück im Esszimmer ist der Esstisch. Er ist Treffpunkt für Familie und Freunde sowie Arbeits- und Spielplatz bei Bedarf. Die Standardhöhe des Esstisches beträgt 73 bis 77 Zentimeter. Seine Größe steht am besten im Verhältnis zur Größe des Raums.

„Der wahre Luxus ist der Genuss und die Momente, aus denen die Erinnerungen gemacht sind."

Vier Eichenbretter jedes einzelne selbst ausgewählt – hübschen nun als Tischplatte diesen offenen Essraum auf.

DIE 4 BESTEN ESSECKEN-TIPPS

♡ Wählen Sie bequeme und stilvolle Stühle, die einladend wirken.

♡ Esszimmergarnituren fehlt es oft an Individualität und Lebendigkeit. Die Mischung macht es!

♡ Wenn Sie sich für eine Bank anstelle von zwei Stühlen entscheiden, macht das den Raum weniger vorhersehbar.

♡ Wählen Sie Leuchten, die stimmungsvolles Licht erzeugen und wie Skulpturen wirken. Antikkronleuchter bezaubern besonders in modernen Räumen.

Spiegel, Artwork und die *PH5*-Leuchte von Louis Poulsen sind im stillen Dialog. Weiß und Bertoia-Stühle wirken luftig.

ESSZIMMER MIT HERZ

Weiß, Licht und architektonische Elemente geben den Ton im Esszimmer der Grafikdesignerin **NICOLE LAMAC** in Kanada an. Das Wandarrangement verleiht Frische, und Nicole mixt dort gekonnt ihre Lieblingsstücke: das Vintage-Poster einer Georges-Braque-Ausstellung, das Stillleben in Acryl sowie das Gemälde einer Rose, das Nicoles kleine Tochter in der Vorschule mit Fingerfarben gemalt hat. Pendelleuchten: Chintz & Co., Tisch: Restoration Hardware, Stühle vom Flohmarkt.

> „Die edlen Materialien verleihen dem Raum Tiefe – besonders wenn man keine Muster mag. Geflochtene Körbe, Holz, Leinen ... all das hilft, den Raum in einer Weise einzurichten, die sanft und natürlich ist."
>
> **RITA KONIG,** Interiordesignerin

STYLE: Happy Organic

INSPIRATION: Landhäuser mit Seele, Skandinavien

STIMMUNGSMACHER: Offener Raum, Weiß mit farbigen Akzenten, Wandarrangement, filigrane Nickelleuchten im Doppelpack, Stühle aus Eichenholz, Flechtkörbe, Präsentationsflächen als Teil der Architektur

MISSION: Das Gefühl von moderner Landidylle wiedergeben, organische Elemente integrieren, mit Lieblingsstücken speisen

STYLE: Erdig-modern

INSPIRATION: Geschichte des Hauses, Licht

STIMMUNGSMACHER: Hochwertige Materialien, Panoramafenster, transparente Stühle, Leuchten im Doppelpack

MISSION: Modernität einfügen, Weite betonen, Licht genießen

Unglaublich, aber wahr! Dieser moderne Essraum befindet sich in einem Haus in San Francisco, das 1860 erbaut wurde. Die Komplettrenovierung, ein qualitätsvoller Materialmix und viel Licht verleihen ihm eine ganz besondere Atmosphäre. Die *Ghost*-Stühle von Philippe Starck lassen den Raum luftig wirken, und die Präsentationsfläche mit Nützlichem und Lieblingsstücken schwebt wie in der Luft.

„Tauchen Sie den Raum in so viel natürliches Licht wie möglich. Das wird Ihre Stimmung positiv beeinflussen."

TERENCE CONRAN, Interiordesigner

„Ich mag Dinge, zu denen ich eine persönliche Beziehung habe. Der Tisch begleitet uns seit Jahren. Er ist ein Stück aus den 1950er-Jahren, hergestellt von der finischen Möbelfirma Asko. Wir haben ihn gebraucht gekauft und dann zusammen mit meinem Vater repariert."

JOANNA LAAJISTO, Interiordesignerin

Luftig, weiß und skandinavisch – so wohnen die Interiordesignerin JOANNA LAAJISTO und ihr Mann, der Fotograf Mikko Ryhanen. Vor der Renovierung war der Essbereich in ihrer Wohnung in Helsinki recht dunkel. Nach dem Herausriss einer Wand strahlt ihre Essecke nun voller Licht. Durchgängige Bodenbeläge und weiße Wände erzeugen Kontinuität. Etwas Zauber in das schlichte Design bringen Fell, Messing und spannende Bücher. Der Spiegel an der Wand lässt den Raum größer wirken und reflektiert das Licht. So merkt man kaum, dass hier ein Fenster fehlt. Wandfarbe: Pure Weiß von Tikkurila, Fotografie: Mikko Ryhänen

STYLE: Scandi Soft

INSPIRATION: Weite, Licht, Helsinki

STIMMUNGSMACHER: Selbstentworfener Spiegel, Fotografie, *PH5*-Leuchte von Louis Poulsen, Bertoia-Stühle

MISSION: Essbereich in den offenen Raum integrieren, skandinavische Lässigkeit verströmen, puristisch dinieren

Viele tropische Muster in einem Raum wirken meist unruhig. In Maßen können sie ihn jedoch in das perfekte Lieblingszimmer verwandeln. So wie hier in Australien. Die Designerin **JUSTINE HUGH-JONES** verbindet organische Elemente mit viel Weiß und frischem Grün. Das simple Wandarrangement versprüht einen Hauch von Humor und gibt das Gefühl, mit der Natur verbunden zu sein. Fazit: Für einzigartiges Speisen reicht schon ein kleines Budget. Und eine gute Idee …

STYLE: Tropen küssen Skandinavien

INSPIRATION: Australische Tropen

STIMMUNGSMACHER: Papageien-Trio als Spaßbringer, Licht, Weiß, minimalistische Coolness

MISSION: Tropen-Flair kreieren, auf Schlichtheit setzten, einen Hauch von Humor verbreiten

„Fügen Sie einen Hauch von Spaß in die Einrichtung. Etwas, das ein Lächeln zaubert."

JONATHAN ADLER,
Interiordesigner, Keramikkünstler

„Unser Essraum ist der Mittelpunkt der Wohnung. Ich liebe moderne, geradlinige Möbel in Weiß, kombiniert mit bunten Accessoires im Pop-Art- oder Comic-Look. Da ich ein großer Fan der italienischen Küche bin, habe ich die Küchentafel mit einigen italienischen Lieblingsspeisen beschriftet."

SAMUELA JOISTEN,
Bloggerin, Marketingexpertin

Funktionalität geht vor. Besonders wenn die Essecke Teil der offenen Küche ist. Trotzdem gibt es sie – die ewige Sehnsucht nach Schönheit. Nach Licht, Authentizität und einem Hauch von Romantik. Die Essecke von **SAMUELA JOISTEN** in Stuttgart hat das Zeug, diese Sehnsucht zu erfüllen. Sie verströmt Harmonie und Optimismus und sorgt mit einfachen Mitteln für ungewöhnliche Gestaltungszauber. Küche von Nolte mit Nova-Lack-Fronten, Stühle: Eggshell Orbit, Hängeleuchte: Muuto, Kissen: H&M Home, schwarze Tafel: selbstgemacht.

STYLE: Pop-Art auf Skandinavisch

INSPIRATION: Pop-Art, Comics, Licht, Skandinavien

STIMMUNGSMACHER: Viel Weiß, Pop-Art-Accessoires, Kochbücher, Lichterkette, Bank, Küchentafel

MISSION: Mit Persönlichkeit einrichten, Funktionalität und Schönheit vereinen, einen Hauch von Romantik verströmen

Ein Hauch von Marokko in Kalifornien: Im gemütlichen Esszimmer der Fotografen **SARAH YATES** und **LOU MORA** sorgen dunkle Töne für helle Stimmung. Die Kombination der Drahtgestellstühle und der gelben Eames-Klassiker verströmt intensive Energie. Der Tisch ist aus Altholz gefertigt, die Tischbeine sind aus Metall. Hingucker und Ankerpunkt ist der Lieblingskronleuchter, entworfen von Patrick Townsend, sowie der marokkanische Berberteppich an der Wand, der wie ein Kunstwerk wirkt.

STYLE: Cozy Modern

INSPIRATION: Der Berberteppich an der Wand

STIMMUNGSMACHER: Kraftvolle Farbpalette, leuchtend gelbe Design-Stühle, handgeknüpfter Teppich, außergewöhnlicher Kronleuchter

MISSION: Auf Gemütlichkeit setzen, einen Hauch von Bohemien-Spirit verströmen, Marokko-Flair und kalifornische Lässigkeit dekorativ vereinen

„Machen Sie Ihren Traumgegenstand zum Blickfänger. Lassen Sie ihn scheinen, indem Sie seine Außergewöhnlichkeit und seinen Charme betonen."

MICHAEL HABACHY,
Interiordesigner

STYLE: Shabby Love

INSPIRATION: Antikspiegel aus Mexiko

STIMMUNGSMACHER: Second-hand-Hängeleuchte in Pink, Kontrast durch Materialmix, *Tolix*-Stühle, Naturteppich, Nostalgie-details, frische Blumen

MISSION: Esszimmer mit Seele einrichten, Schlichtheit und Schönheit vereinen, Sabby-Chic-Feeling verbreiten, einen Hauch von Nostalgie verströmen

Weiß und happy ist ein angesagter Trend. Und in Kombination mit Shabby-Chic wirkt er gemütlich und originell. So hat die Interiordesignerin MÓNICA ANDINA ihr offenes Esszimmer in Madrid eingerichtet. Schlicht und charmant mit Lieblingsstücken, die über Jahre hinweg zusammengetragen wurden. Zentrales Gestaltungselement ist der Vintage-Tisch, auf dem früher Tabakblätter gerollt wurden. Man spürt sofort, dass das abblätternde Holz Spuren von Leben und Zeit trägt.

„Trauen Sie sich! Mixen Sie Stilrichtungen und fügen Sie ein bisschen Farbe hinzu. Und vor allem: Glauben Sie an sich!"

MÓNICA ANDINA & FERNANDO TAPIA,
Interiordesigner

In diesem Haus auf South Padre Island in Texas ist Sommer das ganze Jahr über angesagt. Mit Weiß und Lieblingsstücken richtete die Interiordesignerin **SARAH STACEY** ein Esszimmer ein, das ein Gefühl von Sommer und Leichtigkeit verströmt und Einblicke in die Welt einer zarten Seele gewährt. Wie funkelnder Edelstahl strahlt der Lieblingsleuchter Ruhe, Sanftheit und dezenten Glamour aus. Zusammen mit den Stühlen verhindert er, dass der Antiktisch zu steif wirkt. Eine weitere persönliche Note fügt die farbenfrohe Präsentationsfläche an der Wand hinzu. Leuchte: Warbach Lighting, Tisch: Restoration Hardware, Stühle: Design Within Reach.

„Da sich das Esszimmer fast direkt am Strand befindet, war die Idee, einen Bezug zur Location in einer modernen Einrichtung zu schaffen. Die Kombination von Tisch und hellblauen Stühlen erinnert ans Meer. Die Leuchte finde ich einfach perfekt. Ich liebe große Leuchter im Esszimmer. Oder wie wir in Texas zu pflegen sagen ... go big or go home."

SARAH STACEY,
Interiordesignerin

STYLE: Happy Modern mit Strandfeeling

INSPIRATION: Sommerbrise, Strand, Emilio Pucci, Palm Beach

STIMMUNGSMACHER: Spannende Präsentationsfläche an der Wand, Lieblingsdrahtleuchter, Vintage-Vase, Pastelltöne und filigrane Elemente

MISSION: Lichtdurchflutetes Esszimmer kreieren, Weiß mit pastellgoldenen Kontrasten veredeln, Strandfeeling verbreiten

Harmonie und Entspannung im hektischen New York: Interiordesignerin **MAGDALENA KECK** verzichtete auf Raumschmuck und verwandelte dieses Esszimmer in Greenwich Village in eine Ruheoase für die Sinne. Sanfte Formen und eine naturbasierte Farbpalette liefern das Dekor. Die S-förmigen Stühle von Verner Panton scheinen in der neutralen Kulisse zu schweben. Schön, zeitlos und nachhaltig.

STYLE: Clean Chic

INSPIRATION: Natur, Skandinavien, Verner Panton

STIMMUNGSMACHER: Natürliche Materialien, Panton-Stühle, sanfte Formen

MISSION: Reduzierung auf das Wesentliche zum Motto erklären, Harmonie durch organische Elemente herbeiführen, Entspannung und Genuss dezent zelebrieren

„Bleiben Sie eine Weile in Ihrem Esszimmer. Lassen Sie die Architektur auf Sie wirken. Spüren Sie den Puls des Raums. Reduzieren Sie Unnötiges, bis Sie zum Wesentlichen kommen."

MAGDALENA KECK,
Interiordesignerin

In einen Treffpunkt von Transparenz und Shabby Chic verwandelte die Interiordesignerin **NANCY RIESCO** das Esszimmer ihrer Freundin – der Schmuckdesignerin Shereen de Rousseau – in Vancouver. Blickfang ist die Pendelleuchte *Zettel'z* von Ingo Maurer, die für filigrane Optik sorgt. Die weißen Eames-Stühle und der rustikale Tisch mit abgeblättertem Lack runden den charmanten Look ab.

STYLE: Moderner Shabby Chic

INSPIRATION: Weiße Hortensien

STIMMUNGSMACHER: Ungewöhnliche Pendelleuchte, Tisch mit Altersspuren, Eames-Stühle, antiker Teppich

MISSION: Gemütlichen Charme kreieren, Schönheit ohne Perfektion ausstrahlen, nach Herzenslust dinieren

„Folgen Sie Ihrem Herzen, nicht dem Modediktat oder der öffentlichen Meinung."

MARTYN LAWRENCE-BULLARD, Interiordesigner

SCHLAFZIMMER

Das Wohlfühlschlafzimmer ist ein Purist.
Es sorgt für Ruhe und Entspannung,
Schlaf und Liebe. Ein Drittel des Lebens findet
hier statt. Grund genug, um sich die beste
Matratze zu gönnen und die großartigste Bett-
wäsche, die Ihre Sinne anspricht und sich
auf der Haut toll anfühlt. Verzichten Sie auf
unnötigen Ballast und setzen Sie auf ein
sinnliches Farbschema und Nachhaltigkeit.
So schläft es sich besser.

GUTE NACHT

Unabhängig von Raumgröße, Stil und persönlicher Präferenz ist die Basis für jedes Schlafzimmer gleich: Traumbett, versteckter Stauraum, atmosphärische Farben und stimmungsvolles Licht. Den guten Schlaf unterstützen natürliche Materialien, hauchzarte Muster und ein Ambiente, das einem kleinen Stoffparadies ähnelt.

5 DINGE,
DIE SCHLAFZIMMER LIEBEN:

Einfachheit
Ordnung
Leere
Sanfte Farben
Flauschige Naturstoffe

Kuschelzeit: Interiorstylistin Christina Loucks setzt auf sinnliches Weiß. Leuchten von Room & Board und ein Poster von Etsy muntern auf. Kissen: West Elm.

TIPPS FÜR SINNLICHE RELAX-SCHLAFZIMMER

Fifty Shades of Grey: Dazu Pendelleuchten von Dominici, die symmetrisch wie ein Juwel hängen.

BESTIMMEN SIE ZUERST DIE FARBPALETTE. Die richtigen Farben tragen dazu bei, eine Atmosphäre der Regeneration und Entspannung zu zaubern. Wählen Sie Farben, die beruhigend wirken. Woran denken Sie, wenn Sie sich entspannen? An Wald, Meer, Provence und Lavendel? An einen sonnigen Nachmittag oder an einen kuscheligen Morgen mit einer warmen Latte Macchiato?

ÜBERLEGEN SIE, WIE SIE DAS SCHLAFZIMMER NUTZEN MÖCHTEN. Wird es auch als Ankleideraum dienen? Brauchen Sie einen Schminktisch oder Lesesessel? Sehen Sie dort fern oder schreiben Sie abends E-Mails? Wie schlafen Sie am besten ein – wenn es hell oder dunkel ist?

ENTSCHEIDEN SIE, WO SIE KLEIDUNG UND BETT-WÄSCHE UNTERBRINGEN. Ohne genügend Stauraum wirkt jedes Schlafzimmer chaotisch. Das Schlafzimmer liebt Harmonie und Ordnung.

DAS BETT DOMINIERT DIE GESAMTVISION. Dort beginnt und endet der Tag. Wahlen Sie ein Bett, das Ihrem Stil und der Zimmergröße entspricht. Brauchen Sie Stauraum unter der Matratze oder eher leere Flächen, um das Gefühl von Luftigkeit zu betonen?

ÜBERLEGEN SIE, WO SIE DAS BETT PLATZIEREN WERDEN. Neben der Tür? Unter dem Fenster? In der Mitte des Raums? Grundsätzlich soll das Kopfteil des Betts senkrecht zur längsten Wand stehen, wobei es so platziert werden soll, dass man die Tür nicht im Nacken hat.

ACHTEN SIE AUF VERSCHIEDENE LICHTQUELLEN – Leselicht, Dimmer für Atmosphäre sowie Akzentlicht für Blickfänge.

FÜLLEN SIE DEN RAUM MIT SINNLICHEN TEXTILIEN, denn sie sind die Seele des Schlafzimmers. Ein spannender Mix aus Leinen, Baumwolle, Samt, Seide und Kaschmir strahlt Charakter aus. Setzen Sie auf kontrastreiche Texturen, die sich großartig anfühlen. Machen Sie Ihre schönste Decke zum Blickfang.

WÄHLEN SIE EINEN WEICHEN NATURTEPPICH VOR DEM BETT – am besten mit langen Fäden. Qualitätsvolle teppichlose Bodenbeläge wirken modern, aber vor dem Bett fühlen sich kleine Teppiche sehr angenehm an. Ein Naturteppich mit langen weichen Schurfäden und feinen Strukturen vermittelt das Gefühl von Luxus.

UMGEBEN SIE SICH MIT ENTSPANNUNG UND LEIDEN-SCHAFT. Wenn Bett, Nachttisch, Teppich und Texturen im Raum sind, fügen Sie persönliche Kleinigkeiten hinzu: Erinnerungsstücke, Lieblingsgemälde, Duftkerzen …

SETZEN SIE AUF NACHHALTIGE, NATÜRLICHE MATE-RIALIEN im Schlafzimmer. Falls Sie sich der nachhaltigen Herkunft nicht sicher sind, pflanzen Sie stattdessen einfach einen Baum. Auch so schläft man besser. Gute Nacht!

NACHTTISCH-IDEEN

Wie viel Platz braucht man, um schöner aufzuwachen? Weniger als einen Quadratmeter! Genau der Platz, der für einen liebevoll eingerichteten Nachttisch ausreicht. Der Nachttisch ist das Erste, das wir beim Aufwachen sehen. Mit ihm starten wir in jeden neuen Tag. Stauraum, Stil und Form sind deshalb zweitrangig. Allein zählt, wie wir uns beim Anblick des Nachttisches fühlen.

Ethno-Chic: Kissen aus Pakistan und afrikanischer Hochzeitshut statt Gemälde.

Vintage-Liebe: Stuhl mit abgeblättertem Lack als charmanter Nachttisch und treuer Schlafbegleiter.

Happy Dreams: mit selbstgemachtem Nachttisch, Jieldé-Leuchte und Kunst von Lina Ekstrand.

Starkes Team: Saarinen-Tisch und vom Urlaub mitgebrachte Halsketten.

Spannende Nachttische sind Hocker, Vintage-Koffer, Metallboxen, Meditations-poufs, Holzkisten, Zementblocks, gestapelte Bücher oder originelle Stühle. Nachttische in Kombination mit Bett, Kommode, Kleiderschrank und Frisier-tisch wirken dagegen steif, unpersönlich und wenig zeitgemäß. Obwohl Symmetrie der Harmonie guttut, setzen Sie auf unterschiedliche Nachttische anstatt auf zwei gleiche.

SCHLAFZIMMER MIT HERZ

„Verschiedene Texturen zaubern einen weichen, warmen und romantischen Look im Schlafzimmer. Sie bieten unendliche Möglichkeiten. Wenn man Boho liebt, sollte man sich mit Farben und Muster einrichten. Und immer dem Herzen nach. Und ich liebe Handiras – marokkanische Hochzeitsdecken."

JUSTINA BLAKENEY, Interiorstylistin

Das Herz der Interiordesignerin **JUSTINA BLAKENEY** schlägt für Boho. Und in diesem Schlafzimmer in Los Angeles definiert sie gleich einen neuen Stil in der eklektischen Welt: den New Boho. Frei von überladener Gypsy-Opulenz, dafür voller Licht und Lieblingsstücke. Für Sinnlichkeit und nomadischen Spirit sorgen Kissen mit floralen Motiven aus der Türkei, die Handira – eine traditionelle Hochzeitsdecke mit silbernen Pailletten aus Marokko – sowie Gardinen aus Indien. Bett und Beistelltische im Regency-Stil aus den 1930er-Jahren steuern einen Hauch von Glamour bei.

STYLE: New Boho

INSPIRATION: Die marokkanische Hochzeitsdecke Handira, Reisen

STIMMUNGSMACHER: Kissen mit Hippie-Charme, Ikat-Tapete, Symmetrie, Transparenz

MISSION: Harmonischen Rückzugsort einrichten, lässige Boho-Einflüsse integrieren, einen Hauch von Glamour verströmen

Interiorstylistin **EMMA BLOMFIELD** liebt softe Eis-cremefarben, Frucht- und Pastelltöne, anhand derer sie Sommer-Flair in dieses Schlafzimmer in Bronte Beach, Australien, zaubert. Ob nachts oder tagsüber, man fühlt sich hier wie in einer kuscheligen Hängematte während der Lieblingsjahreszeit. Alle Accessoires von The Home Australien. Die gelbe Tischleuchte ist ein Geschenk.

„Eiscremefarben erinnern uns, dass der Sommer schnell wiederkommt. Und das macht glücklich."

EMMA BLOMFIELD,
Interiorstylistin

STYLE: Tropical Heat

INSPIRATION: Sommer, Eiscreme, Sonne, Glück

STIMMUNGSMACHER: Flamingo-Gemälde, blaue Farbklänge, reiche Texturen, Schafsfell, chinesischer Keramikhocker, Hauch von Glamour

MISSION: Auf Eiscremefarben setzen, Sommer-Flair verströmen, Traum-schlafzimmer einrichten

STYLE: Scandi Vintage

INSPIRATION: Lieblingskissen

STIMMUNGSMACHER: Antikspiegel, Wandarrangements, kleiner Flokati-Teppich, Weiß, Licht, erdige Töne

MISSION: Entspannungsoase kreieren, skandinavische Atmosphäre verströmen, mit Lieblingsstücken Authentizität erzeugen

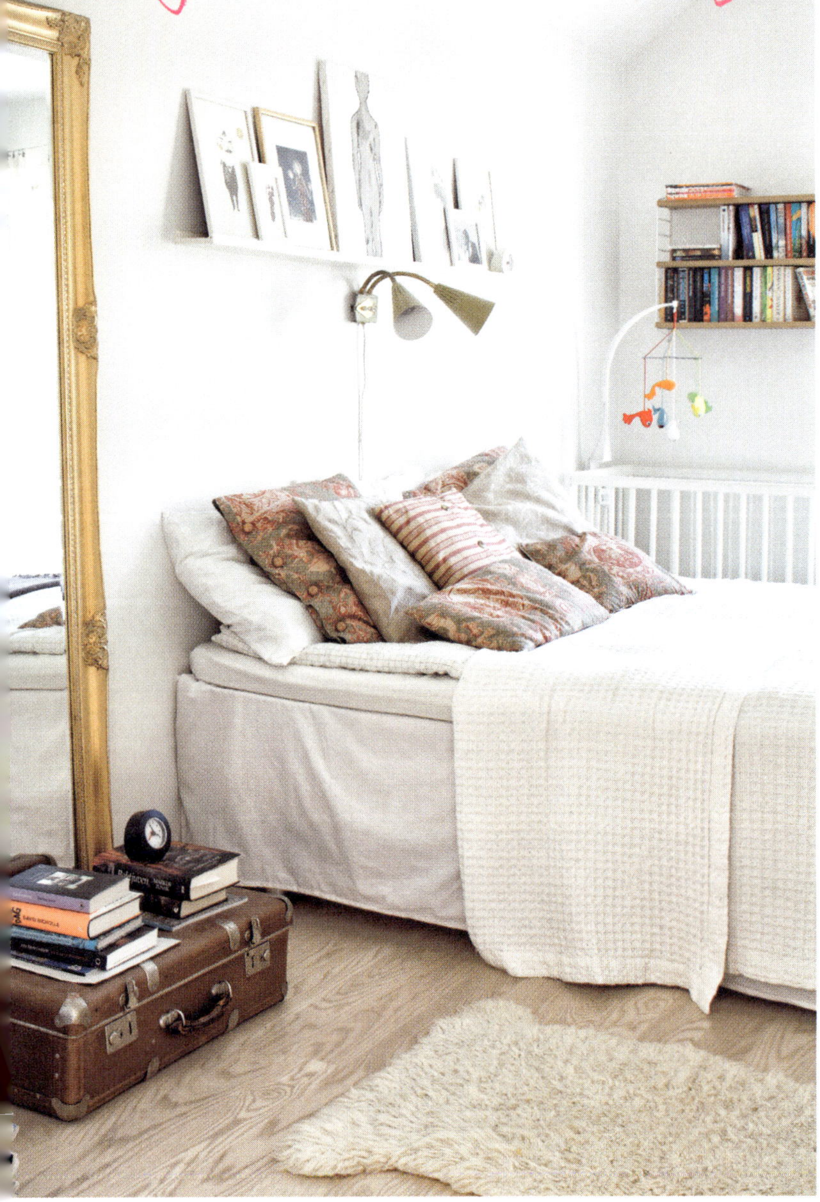

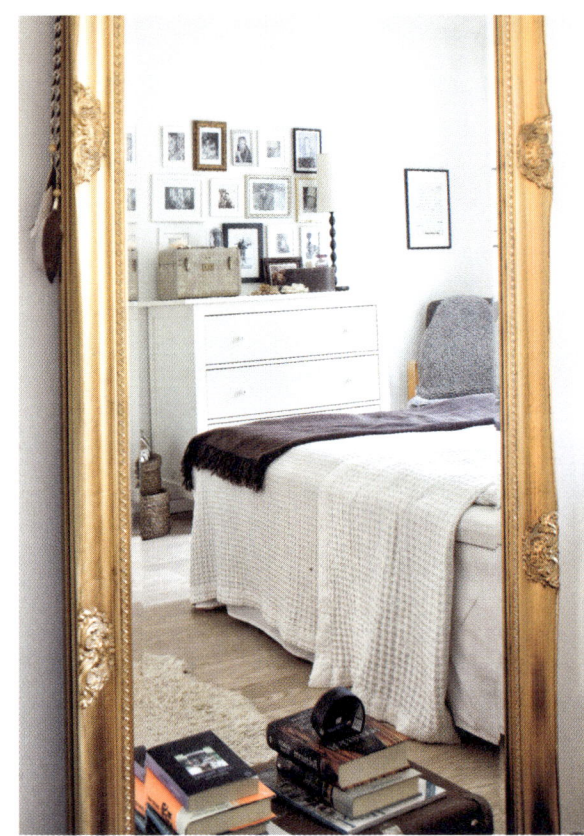

Skandinavische Leichtigkeit und Vintage, Lieblingsstücke und viel Licht: Das Schlafzimmer von **ASA GRIPENBERG** in Finnland verbindet sie alle. Vintage-Koffer, Antikspiegel und Wandarrangements bringen Dynamik in das weiße Stillleben und sind ein weiterer Beweis, dass Lieblingsstücke einen Raum einzigartig machen. Tagesdecke: IKEA.

„Ich mag bunte Akzente, aber für mein Schlafzimmer bevorzuge ich eine ruhige Farbpalette. Außerdem liebe ich die Kissen auf dem Bett. Meine Mutter hat sie vor vielen Jahren genäht und über die Jahre sind sie für mich zu absoluten Lieblingsstücken geworden.“

ASA GRIPENBERG, Designliebhaberin

„Kombinieren Sie Muster und Stoffe, deren Farben sich gegenseitig schmeicheln. Und fügen Sie einen zauberhaften Mix von Matt und Glänzend hinzu. Ich liebe Schlafzimmereinrichtungen, die mich am Wochenende verführen, lange Morgenstunden im Bett zu bleiben. Wohnmagazine und Kaffee inklusive …"

ANNETTE THORSBYE, Interiorstylistin

STYLE: Ladylike Scandinavian

INSPIRATION: Weißer Flieder

STIMMUNGSMACHER: Lebhafte Farben, architektonische Elemente, Licht, Stoffvielfalt, Vintage-Teppich, silberne Touches

MISSION: Behaglichkeit und Stil mit kleinem Budget kreieren, mit sinnlichen Stoffen dekorieren, Schlafzimmer mit Wohlfühlflair einrichten

Dieses Schlafzimmer in Oslo lüftet ein lang gehütetes Geheimnis: Wenn wir einem Raum mehr Wärme verleihen möchten, ist es nicht unbedingt notwendig, warme Farben – Rot, Orange, Creme, Beige, Gelb, Braun, Bordeaux – auszuwählen. Das Geheimnis zu mehr Wärme sind sinnlich-sanfte Stoffe und reiche Texturen. Lassen Sie Ihre Texturen wirken. So wie dieser zauberhafte marokkanische Teppich – ein Reisesouvenir – und die handgemachten Kissen, die vom Hotelshop Dar JL der Fotografin Lisen Stibeck in der Nähe von Marrakesch stammen.

Auf Wolke sieben: Dieses Schlafzimmer ist der absolute Lieblingsplatz der Bloggerin **TANJA MARX**: naturnah, authentisch und selbstbewusst. Organische Elemente und gedeckte Töne erzeugen Entspannung. Selbstgemachtes hübscht den Raum auf und sorgt für verspielte Raffinesse. Für Atmosphäre sorgen Lichtschläuche unter den Bettlängskanten und hinter dem Kopfteil. Sie sind dimmbar und können über Funksteckdosen per Fernbedienung geschaltet werden.

„Die vielen eigenhändig erstellten Dinge vermitteln mir ein Gefühl von Gemütlichkeit. Sie haben diesen ganz besonderen Charme – eben weil sie selbstgemacht sind."

TANJA MARX, Bloggerin

„Stimmungsvolle Leuchter, Dimmer und Leselicht dürfen im Schlafzimmer nicht fehlen. Ich habe die beiden Industrieleuchten auf dem Flohmarkt entdeckt. Sie sind ein Entwurf des französischen Designers Albin Gras."

KLÁRA VALOVÁ, Architektin

Schlafzimmer lieben Leere. Deshalb raten die tschechischen Architektinnen KLÁRA VALOVÁ und HANA ŠTĚPKOVÁ zu wenig Dekoration und einer dezente Farbpalette. Dieser Raum im Zentrum von Prag verführt mit ruhigen Tönen und der Betonung auf architektonische Elemente. Die weißen Ziegelsteine erzeugen Spannung sowie archaische Schönheit und verstecken dabei einen Schornstein. Das Bett und der Beistelltisch sind ein DIY-Projekt aus vier Paletten

STYLE: Warmer Minimalismus mit rauem Industrial Touch

INSPIRATION: Abendliche Neststimmung, Architektur des Hauses

STIMMUNGSMACHER: Kontraste, Naturmaterialien, Ziegelsteine, Bett und Beistelltisch im Paletten-Look

MISSION: Gemütlichen Rückzugsort schaffen, auf Schlichtheit und Kontrast setzen, Wärme kreieren

STYLE: Dreamy Modern

INSPIRATION: Australien, Hawaii, Skandinavien

STIMMUNGSMACHER: Traumaussicht, Licht, Wandarrangement, Leseecke, Lieblingspflanze

MISSION: Lieblingsorte aus drei Kontinenten in einem Raum vereinen, kuschelige Leseecke einrichten, in Bettwäsche bester Qualität schlafen

Weiße Sandstrände von Hawaii treffen auf skandinavischen Schnee und versprechen süße Träume in diesem Schlafzimmer in Melbourne. Mit beruhigend weißer Farbpalette und australischer Gelassenheit schläft man tief und fest und freut sich jeden Morgen auf die traumhafte Aussicht in die umgebende Landschaft.

„Entdecken Sie die Dinge, die Sie lieben, und gestalten Sie den Raum um sie herum. Seien Sie dabei offen, aber behalten Sie die Struktur und die Proportionen des Raums im Auge."

PETER OSBORNE,
Inhaber eines Textil- und Tapetenunternehmens

Skandinavisches Bettgeflüster: Das Schlafzimmer des Interiorstylisten **THOMAS LINGSELL** befindet sich im Zentrum von Stockholm. Es ist eine Fundgrube an lichtdurchfluteter Atmosphäre und schwedischer Coolness. Die Einrichtung folgt keinem Standard und vermittelt einen Hauch von lässiger Eigenwilligkeit. Der absolute Hot Spot ist das Bett, das entspannte Schlafstunden verspricht.

STYLE: Urban Cool

INSPIRATION: Skandinavisches Design, warmer Minimalismus, glückliche Zufälle

STIMMUNGSMACHER: Wandarrangement, natürliche Bettwäsche, Leselicht, Lieblingskommode

MISSION: Lässige Atmosphäre schaffen, mit dezenten Tönen zur Ruhe kommen, Intimität und Sinnlichkeit verströmen

„Es ist Ihr Schlafzimmer. Sie bestimmen die Deko-Regeln."

TOMAS BACKMAN,
Gründer eines Maklerunternehmens
mit Leidenschaft für Design

„Gegensätze ziehen sich an. Mixen Sie lang und kurz, grob und weich, metallisch und neutral. Und trauen Sie sich, Farbe hinzuzufügen. Die Farbe macht den Raum lebendig. Und vergessen Sie frische Blumen nicht.“

KAREN B. WOLF, Interiordesignerin

Dem Träumen so nah fühlt man sich in diesem Schlafzimmer in den USA. Interiordesignerin **KAREN B. WOLF** verbindet Glamour mit Boho-Style, Eklektizismus mit verspielter Klassik. Der Raum ist voller Harmonie trotz Farben und grafischer Muster. Die lebensfrohen Töne wirken beruhigend, da sie zur gleichen Farbfamilie gehören. Die Decke in der Lieblingsfarbe Türkis ist Überraschungselement und Raumschmuck zugleich. Eine Bühne fürs Bett liefert das opulente Dekor – sanft und doch gewagt! Das Bett ist von Skyline Furniture. Hängeleuchte: Dainolite, Teppich: Surya, Tapete: *Augustus Mineral,* Clarke & Clarke.

Eleganter Rückzugsort in einem Industrieloft in New York: Das Schlafzimmer des Interiordesigners **VICENTE WOLF** enthüllt seine Leidenschaft – Reisen und Fotografie. Der Raum ist voller Bilder und Erinnerungsstücke, die der Designer über Jahre zusammengetragen hat. Gegenstände aus Bhutan, Namibia, Myanmar, Papua-Neuguinea, Ghana, Bali und Thailand offenbaren, dass hier der Rückzugsort eines Weltenbummlers ist. Das Bett schwebt wie ein Boot im Wasser. Seine diagonale Lage zieht den Blick geradezu magisch an. Der weiße Raumteiler dahinter bietet eleganten und unsichtbaren Stauraum.

> „Reisen fasziniert mich. Die Orte außerhalb der Komfortzone bringen neue Einrichtungsideen und beflügeln meine Kreativität."
>
> **VICENTE WOLF,** Interiordesigner

STYLE: Edgy Classic

INSPIRATION: Reisen, Fotografie, Architektur, Kunst

STIMMUNGSMACHER: Mix von Kulturen, tiefer Blick auf die Welt, Hans-Wegner-Sessel, Saarinen-Beistelltisch, Fotografien, gleichfarbige Rosen, Erinnerungsstücke, Eleganz durch Verzicht auf Muster

MISSION: Balance kreieren, Loft-Gefühl vermitteln, Raum mit Tiefe ausfüllen

„Dunklere Schlafzimmer erleichtern das Einschlafen und wirken wie eine warme flauschige Decke in kalter Nacht. Helle Einrichtungen erzeugen dagegen eine belebende Stimmung, mit der wir den Tag morgens begrüßen und schnell vom Bett aufspringen. In beiden Fällen rate ich von Knallfarben ab. Sie erzeugen Anregung und Reiz."

KIM JOHNSON, Bloggerin

Bloggerin **KIM JOHNSON** kombiniert in ihrem Schlafzimmer in Kanada diverse Lieblingsstoffe mit Vintage und skandinavischen Elementen. Das Zauberstück – eine marokkanische Hochzeitsdecke – schwebt wie ein Kunstwerk an der Wand. Ausgewählte Motive aus der Natur lassen ein gewisses Waldflair aufkommen.

STYLE: Natural Chic

INSPIRATION: Lieblingsbettwäsche, Skandinavien, Kanada

STIMMUNGSMACHER: Marokkanische Hochzeitsdecke an der Wand, Stoffvielfalt, Naturtöne

MISSION: Auf Schlichtheit setzen, mit erdigen Tönen abschalten, einen Hauch vom Wald als Refugium verströmen

„Dieses Schlafzimmer ist der Beweis, dass die Traum-
einrichtung ausschließlich mit gebrauchten
Gegenständen kreiert werden kann. Ich kombiniere
gern skandinavisches Design, meine Lieblingsfarben
Schwarz und Weiß sowie Boho-Elemente."

JONNA KIVILAHTI, Interiorstylistin

Kleines Budget, große Wirkung: Die fin-
nische Interiorstylistin **JONNA KIVILAHTI**
hat ein Traumambiente mit Secondhand-
Gegenständen kreiert. Der Raum wirkt
fröhlich ohne fröhliche Farben sowie luftig
und lichtdurchflutet trotz dunkler Kontraste. Das Geheimnis: Hülle und Fülle
an Lieblingsstücken.

STYLE: Skandinavisch mit Boho Twist

INSPIRATION: Secondhand-Lieblingsstücke,
glückliche Zufälle

STIMMUNGSMACHER: persönliche Kleinigkeiten,
schwarze Wand, Gefühl von Weite

MISSION: Behaglichkeit und Stil mit kleinem
Budget kreieren, skandinavische Atmosphäre
verströmen, Lieblingszimmer einrichten

HOME OFFICE

Einige Quadratmeter reichen aus,
um eine Arbeitsecke zu gestalten, die Konzentration fördert und die Optimismus
ausstrahlt. Ob im separaten Arbeitszimmer
oder an einer Wand platziert - mit Stil,
Licht und Happy Accessoires lässt sich überall schöner arbeiten. Ein angenehmes
Arbeitsambiente schaffen insbesondere
weiße Räume und lieb gewonnene
Buntmacher.

LOCATION

Finden Sie für Ihr Home Office einen ruhigen Ort mit genügend Tageslicht. Falls kein separates Arbeitszimmer zur Verfügung steht, bieten sich Arbeitsecken in Nischen, Übergangsräumen, eine Wand im Wohnzimmer oder ein Esstisch in doppelter Funktion an. Wenn das Schlafzimmer die einzige Möglichkeit für Ihre kreative Ecke ist, helfen Separees, beide Bereiche abzuschirmen.

„Ich liebe Arbeitsecken, die einfach und hübsch aussehen. Mit wenig Dekoration. Mit einem Mix aus Alt und Neu. Mit liebevollen Details, die die Kreativität anregen."

EVA LINDH, Interiorstylistin

Nordische Frische: Große Arbeitsfläche, wenige persönliche Schätze sowie verspieltes Moodboard aus Kork bestimmen hier das Arbeitsklima. Einfach und sympathisch. Arbeitstisch: IKEA.

DIE BESTEN HOME-OFFICE-TIPPS

WÄHLEN SIE EINE FRISCHE FARBPALETTE, die die Fokussierung auf die Arbeit unterstützt. Der Glücks-Faktor und eine optimistische Ausstrahlung machen die Arbeit angenehmer.

ENTSCHEIDEN SIE SICH FÜR EIN SCHREIBTISCHMODELL mit möglichst großer Oberfläche. Die klassische Höhe des Arbeitstisches beträgt ca. 74 Zentimeter. Ist Platz Mangelware, hilft ein Sekretär oder ein klappbarer Tisch.

EIN ERGONOMISCHER, BEQUEMER STUHL ist die beste Lösung, wenn Sie viel Zeit im Home Office verbringen. Lieblingskissen und behagliche Überwürfe lassen auch Bürostühle strahlen.

BEGEBEN SIE SICH AUF DIE SUCHE NACH STAURAUM, der praktisch und hübsch zugleich ist. Setzen Sie auf einfache Formen und qualitative Oberflächen, die sich stilvoll in die Einrichtung integrieren und genug Platz für Drucker, Ordner und Materialien bieten. Platzsparende Schubladenelemente haben oft mehrere Fächer, hinter deren Türen eine Menge verschwindet.

STELLEN SIE NÜTZLICHE KLEINIGKEITEN auf ein Tablett oder in eine Box. Schön geordnet strahlen sie Ruhe aus.

SORGEN SIE FÜR GUTE ORGANISATION, Harmonie und Ordnung und beschränken Sie die Dekoration auf wenige Objekte.

UMGEBEN SIE SICH MIT AUSREICHEND LICHTQUELLEN – Tageslicht, Tisch-, Steh-, Wand-, Decken- und Pendelleuchten. Wer am Schreibtisch vor dem Fenster arbeitet, braucht schöne Vorhänge, Rollos oder eine Jalousie.

Design-Klassiker: das multifunktionale *String*-Regal von Nisse Strinning.

Coffee to stay: kleines Glück in Pantone-Tasse.

„Mein Lieblingsstück ist der Arbeitstisch. Zusammen mit meinem Freund habe ich ihn selbstgebaut. Der Stuhl ist ein Glücksgriff von einem Secondhandladen, den ich mit einem Baumwollgarn in Mint ein bisschen verschönert habe."

MARIJ HESSEL, Designerin

Oben: Funktionaler Chic: Klare Linien vermitteln Ruhe. Bücher und Lieb-gewonnenes wirken wie Skulpturen auf den schwarzen Regalen. Tischleuchte in Orange: Pablo Pardo.

Unten links: Lichtgeküsst: XXL-Fenster, Vintage-Kommode, Blick ins Grüne und ein besonderer Arbeitstisch, der als Eigenkreation aus zwei Drahtkörben entstand.

Unten rechts: Glück im Flur: Happy Ensemble aus weißem Arbeitstisch, Eames-Stuhl und außergewöhnlichen Regalen – ein DIY-Projekt aus IKEA-Platten und alten Gürteln.

DIY, Secondhand-Gegenstände und Sukkulenten bestimmen das Home Office der holländischen Designerin Marij Hessel. Tisch, kleiner Wandschrank und Moodboard sind Marke Eigenbau aus OSB-Platten. Deckenleuchte: Tas-ka, Tapete: *Brakig* von IKEA.

HAPPY ACCESSOIRES

Mit schicken Accessoires und persönlichen Schätzen macht die Arbeit gleich mehr Spaß. Tauschen Sie alte Kulis, Notizbücher und Ordner aus. Elegante und farbenfrohe Schreibwaren gehören zu einem schönen Ambiente und sagen aus, dass jemand hier gern arbeitet. Setzen Sie auf Lieblingsfarben und ungewöhnliche Details. Fügen Sie ein Happy-Element hinzu. Sie werden viele Stunden am Schreibtisch verbringen. Der Kreativität und der Arbeit tun simple Arbeitsecken gut. Sorgen Sie für klare Strukturen. Harmonie. Ein Minimum an Gegenständen. Ein Maximum an Weite und Freiheit und etwas Inspiration. Damit die Leere nicht kühl wirkt, fügen Sie feine Textilien hinzu. Das verleiht einen Hauch von Exklusivität.

„Vergessen Sie nicht, dass Ihr Arbeitsraum einen Gegenstand braucht, der einen Traum von Ihnen symbolisiert. Um effektiv arbeiten zu können, sollten Sie ab und zu auch träumen."

TEREZA FUSINATO DOS SANTOS,
Interiordesignerin

Logenplatz: Das kuschelige Fell verwandelt den harten Stuhl von Bobby Berk in einen Sessel de Luxe.

Rendevouz: Stoffreste aus Schwarz-weiß treffen auf Klarsichtbox.

Einfach und chic: Stifte & Co. im Küchenglas. Dazu eine Dosis Green Love in goldener Schale vom Flohmarkt.

Etwas Glamour: mit Stift-becher in Gold und Foto-rahmen von IKEA.

HOME-OFFICE MIT HERZ

Weiß, Leichtigkeit und Lieblingsstücke – diese Zutaten finde ich so hübsch, dass ich mein Home Office mit ihnen eingerichtet habe. Der Raum befindet sich im zweiten Stockwerk meines Hauses und ist ein besonders luftiger und funktionaler Ort. Für Ordnung und Stauraum sorgt eine auf dem Sperrmüll in Ludwigshafen gefundene Kommode. Die Vorhänge aus ägyptischer Baumwolle sind ein Glücksgriff von einem Secondhand-Shop. Ein weißes Regalsystem war jahrelang ein Traum von mir. Vor einem halben Jahr habe ich es entworfen. So habe ich genug Präsentationsfläche für Bücher und Mitgebrachtes aus aller Welt. Der 180 Zentimeter lange Arbeitstisch ist das Modell *Torsby* von IKEA.

„Ich halte meinen Arbeitstisch aufgeräumt und fast leer."

MARIA SPASSOV

STYLE: Happy Indie

INSPIRATION: Das deutsche Cover von Karen Kingstons Buch „Feng Shui gegen das Gerümpel des Alltags" (2009)

STIMMUNGSMACHER: Weiß, Weitegefühl, Blick ins Grüne, selbstentworfenes Regalsystem, Lieblingsstücke, selbstgepflückter Lavendel

MISSION: Tisch mit großer Arbeitsfläche finden, schwerelos gestalten, Weite betonen, Bücherregal als Präsentationsfläche nutzen, einen Hauch von Sinnlichkeit verströmen

„Mein Tipp: ein Arbeitszimmer einrichten, das einerseits Balance und Ordnung ausstrahlt, andererseits Stücke hat, die inspirieren. Stellen Sie inspirierende Gegenstände auf offene Regale und lassen Sie alles andere in geschlossenem Stauraum verschwinden."

GABRIEL FONTES DE FARIA, Architekt, Interiordesigner

Lust auf Arbeiten bekommt man, wenn man das Home Office des Architekten und Interiordesigners **GABRIEL FONTES DE FARIA** in Chicago betritt. Schwarz und Weiß sind hier ein zeitloses Paar. Und wenn Grau in ihrer Nähe ist, sehen sie doppelt besser aus. Denn Grau nimmt die Kälte des schwarzweißen Kontrastes und verleiht dem Raum eine Extraportion Wohnlichkeit. Der simple Arbeitstisch sieht wie ein Teil der Architektur aus. Seine Positionierung im Zentrum des Arbeitszimmers sorgt für stille Dominanz und verbreitet Weitegefühl. Ausgewählte Lieblingsprints schweben an der schwarzen Wand: schwarzweiße Zeitungsausschnitte, ein Stück handbestickter Stoff aus Mexiko sowie Fotoausdrucke von Ryan McGinley. Arbeitstisch: Room and Board, Stühle: Herman Miller, Regal: CB2, Leuchte: Lindsey Adelman.

STYLE: Warm Masculin

INSPIRATION: Funktionalität, warmer Minimalismus

STIMMUNGSMACHER: Schwarze Pinnwand, luftige weiße Regale als Präsentationsfläche, geradliniger Arbeitstisch, Holzbank, selbstgebauter Kronleuchter, Lieblingsbank aus wiederverwertetem Altholz

MISSION: Funktionales Arbeitszimmer einrichten, mit großen Regalen für Ordnung sorgen, Arbeitsfläche leer halten, einen Hauch von Coolness verströmen

Transparenz fühlt sich gut an. Auch im Arbeitszimmer von **CHRISTINA LOUCKS** in Atlanta. Die Interiorstylistin macht kein Geheimnis daraus, dass Weiß und Licht ihre Lieblingskombination ist. Ausgewählte Accessoires lockern die Eintönigkeit des weißen Interiors auf. Auf den Regalen finden Erinnerungsstücke einen Ehrenplatz. Lieblingspflanzen bringen grünes Glück ins kleine Zimmer. Leuchte: West Elm, Regale: IKEA.

STYLE: Functional Chic
INSPIRATION: Licht, Weiß, Erbstücke
STIMMUNGSMACHER: Transparenz, offene Regale, Lieblingspflanzen
MISSION: Luftigen und lichtdurchfluteten Arbeitsraum kreieren, mit Pflanzen Frische hereinholen, mit weißen Regalen Erbstücke in Szene setzen

„Ich umgebe mich gerne mit Dingen, die ich liebe. Das impressionistische Kunstwerk gehörte meiner Oma. Die Boxerfiguren aus den 1950er-Jahren meinem Vater. Erinnerungsstücke mit Botschaft wirken am besten vor einem weißen Hintergrund. Die optische Reinheit hilft, ihre Botschaften laut und klar zu spüren."

CHRISTINA LOUCKS, Interiorstylistin

„Da mein Mann und ich Vollzeit zu Hause arbeiten,
wollten wir einen Arbeitsplatz einrichten, der motiviert und
harmonisch wirkt. Deshalb wählten wir neutrale Farben,
Rohholz, Pflanzen und den Platz vor dem Fenster. Mein Mann
hat den Arbeitstisch gebaut, der groß genug für zwei ist.
Manchmal lenken wir uns gegenseitig ab, aber das ist der Vor-
und Nachteil, wenn man mit seinem besten Freund arbeitet."

JULIA MANCHIK, Fotografin, Grafikdesignerin

STYLE: Earthy Modern

INSPIRATION: Natur, Skandinavien

STIMMUNGSMACHER: Schlichte
Möbel, braune Töne, Holz, Wandarrangement

MISSION: Arbeitsplatz für zwei auf
wenig Platz kreieren, für unsichtbare
Ordnung sorgen, einen Hauch Lässigkeit verströmen

Die Arbeitsecke der Fotografen **JULIA**
und **YURIY MANCHIK** in Washington
wirkt skandinavisch, nachhaltig und
cool. Wenige Gegenstände und unauf-
fällig aufgeräumte Flächen vermitteln
auf wenig Raum das Gefühl von Großzügigkeit. Für Klasse und Komfort
sorgen die beiden Stühle, die bereits
drei Umzüge überstanden haben.
Zeitungsausschnitte, Flyer und Fotos
an der Wand bringen Spannung in
das ruhige Arbeitsumfeld. Der Tisch
ist aus Recyclingholz gefertigt.
Tischleuchte: *Forsa* von IKEA, Stuhl:
Forza Taupe von Overstock

„Mit Farbe, Blumen und etwas,
das Sie zum Lächeln bringt, wird jede
Arbeitsecke eine Sinnesfreude."

AILEEN ALLEN, Bloggerin

Da der US-Bloggerin AILEEN ALLEN kein separates Zimmer für ihr Home Office zur Verfügung stand, richtete sie eine kleine Arbeitsecke in ihrem Flur ein. Ihre Wohnung in Seattle ist durchgehend in Weiß gestrichen, die selbstgemachten Regale wirken dekorativ und bieten schöne Präsentationsfläche für Keramik, Glücksfunde und Nützliches. Poppige Farben setzen Akzente und verstärken die Happy-Stimmung. Arbeitstisch: DHP Parsons von Amazon.

STYLE: Happy Chic

INSPIRATION: Die Lebensphilosophie „Tue, was du liebst"

STIMMUNGSMACHER: Weiß, Gute-Laune-Farben, Eames-Stuhl, alte Gürtel als provisorische Regalstützen, Keramik

MISSION: Positive Arbeitsecke kreieren, die sich fließend in die Einrichtung einfügt, Lieblingsstücke als Erfrischung hinzufügen

„Nach der Arbeit blogge ich abends meist mehrere Stunden. Deshalb brauche ich eine Einrichtung, die Vitalität ausstrahlt. Grün sorgt als Farbtupfer genau für diese Frische und Energie. Der gelbe Bilderrahmen war riesengroß. Mein Mann hat ihn beschnitten, damit er für meine Arbeitsecke passt. Dann habe ich dort etwas Kork und inspirierende Ausschnitte aus Wohnzeitschriften befestigt."

KIM JOHNSON, Bloggerin

Besondere Details und vitalisierende Farben finden sich in diesem kleinen Home Office der Bloggerin **KIM JOHNSON** in Kanada. Ihre Begeisterung für Inneneinrichtung und Design verbreitet sich täglich von diesem Arbeitstisch in die ganze Welt. Kim liebt Mid Century und Vintage, und ihr Dekor vereint beides. Der gelbe Bilderrahmen holt den Sommer zurück nach Kanada und setzt der Galerie aus Zeitschriftenausschnitten eine farbenfrohe Grenze. Den IKEA-Tisch hat Kim mit Stoff und Glas aufgepeppt. Der Schrank war ursprünglich ein Kleiderschrank. Kim entfernte die Holztür und strich ihn blau. Grüne Tischleuchte: Mid-Century-Shop in Ottawa, Kissen: Etsy, Eames-Stuhl vom Antikmarkt.

BADEZIMMER

Das Bad ist der einzige Raum, in dem wir alleine sind. Mit Wasser und Farben, mit kuscheligen Handtüchern und sinnlichen Aromen. Und mit uns selbst. Kühle Bäder sind nicht mehr im Trend. Die Sehnsucht nach Echtem holte die Natürlichkeit ins Badezimmer zurück. Das Bestreben geht nach mehr Lebensqualität und einer angenehmen Atmosphäre, die den Komfort von Wohnen und Baden vereint. Kreativität, Materialmix und Beleuchtung sind die Zutaten, die diese Stimmung erzeugen.

Weiße Oase: Die mono-chrome Farbpalette vermittelt zenartige Ruhe. Körbe und Hocker vom Flohmarkt verleihen einen Hauch von Landhaus-Chic.

BÄDER ZUM TRÄUMEN ...

Laut Statistik ist das Bad der Raum, den man am seltensten neu gestaltet. Über 15 Jahre durchschnittlich benutzen wir das gleiche Bad. Deshalb lohnt es, sich die besten Materialien zu gönnen und hochwertige Armaturen als Investition zu betrachten. Gute Planung ist im Badezimmer das A und O. Lassen Sie sich bei Bedarf von einem guten Badplaner bzgl. Planung, Badmöbel, Materialauswahl, Abdichtung und Durchfluss beraten. Die meisten Bäder teilen sich in drei Zonen – Waschbecken-, WC- und Badezone.

„Es lohnt sich, in ein Traumbad zu investieren. Es ist das persönliche Refugium – wenige Quadratmeter Ruhe und Entspannung, wenn die Welt draußen im Rausch der Geschwindigkeit galoppiert."

LAUREN GEREMIA, Interiordesignerin

Ganz links: Badgenuss der Extraklasse: in Begleitung der Fliesen von Bisazza und der Leuchte von Ingo Maurer, die aus zehn Campari-Soda-Flaschen besteht.

Links: Einen Hauch von Nostalgie schenken der Vintage-Schrank und der Flohmarkt-Spiegel, der Marmor eine Prise edles Flair und die Kiste aus Frankreich charmanten Stauraum.

Rechts: Gegen jede Regel: Entgegen der Vorurteile, dass Weiß Räume optisch vergrößert und Muster und Dunkleres in kleinen Räumen ein „No Go" sind, verleiht das besondere Farbschema diesem Bad Tiefe – und Boudoir-Flair.

... UND ZUM WOHLFÜHLEN

Designmessen und Wohnzeitschriften erwecken den Eindruck, dass das heutige Bad einem privaten Spa ähnelt. Becken mit Hydromassage, Jacuzzi mit Aromatherapie und Whirlwanne sind aber in der realen Welt eine Seltenheit. Vielmehr geht der Trend zu einem Wohlfühlbad. Und dies lässt sich unabhängig von Wellnessgeräten realisieren. Das Bestreben geht nach mehr Lebensqualität, Licht und einer angenehmen Atmosphäre, die den Komfort von Wohnen und Baden vereint.

Landhaus-Feeling: Mit handverlesenen Keramikfliesen und Boden aus Natur-Seifenstein. Beide: Skheme.

Luxus Tageslicht. Dazu ein DIY-Badregal aus alten Drahtboxen.

DIE BESTEN BADEZIMMER-TIPPS

AUFTEILUNG

Organisieren Sie die drei Zonen nach Prioritäten. Was steht an erster Stelle auf Ihrer Liste? Ein Doppelwaschtisch? Ein voll gefliestes Bad oder Fliesen nur dort, wo Schutz vor Wasser notwendig ist? Duschen Sie oder baden Sie lieber? Falls Ihnen das Gefühl von Weite am wichtigsten ist und Sie lieber duschen, verzichten Sie auf eine Badewanne. Wenn Sie dagegen die Entspannung in einer freistehenden Badewanne genießen, dann lohnt es sich, fast sechs Quadratmeter von Ihrem Badezimmer für eine Nostalgiewanne oder ein modernes Becken nach Ihrem Geschmack zu verwenden.

FLIESEN

Betrachten Sie die Fliesen als Wandschmuck und setzen Sie auf Qualität und hohe Abriebklasse. Großformatige Fliesen wirken beruhigend, kleine Mosaikfliesen – spannend. Lassen Sie sich Zeit bei der Auswahl Ihres Favoriten: Glasstein, Mosaik, Terrakotta, Fliesen in Marmor oder Holzoptik – heutzutage gibt es unendliche Variationen. Großformatige Fliesen in hellen Tönen sorgen für optische Vergrößerung.

ARMATUREN

Gönnen Sie sich die besten Armaturen, die Sie sich leisten können. Sparen Sie nicht an der falschen Stelle und setzen Sie auf Qualität und Langlebigkeit. Skulpturähnliche, wassersparende Armaturen sind die Juwelen des Badezimmers. An ihrer Schönheit und Qualität werden Sie viele Jahre lang Freude haben. Und zwar täglich.

ACCESSOIRES

Typisch für das neue Bad ist vor allem eins: Wohnlichkeit. Spa-Feeling vermitteln ätherische Öle, Duftkerzen, Peelings, Badezusätze, Körperöle, hübsche Seifenspender oder weiche Handtücher, die sich an der Haut großartig anfühlen. Auch Accessoires, die untypisch für das Badezimmer sind, wie Pflanzen und Steine, machen das Bad wohnlich. Wenn Sie außerdem genug Platz haben, stellen Sie ins Bad einen außergewöhnlichen Stuhl oder einen chinesischen Keramikhocker. Das verleiht Exklusivität.

AUFBEWAHRUNG

Planen Sie attraktiven Stauraum ein. Für gute Laune sorgen geflochtene Korbe, bunte Stoffbeutel und Vintage-Schränke. Nutzen Sie den vorhandenen Raum voll aus. Hohe, schmale Regale bieten viel Fläche, und fast unter jedem Waschbecken gibt es Staumöglichkeit, die mit einem spannenden Vorhang verschönert und unsichtbar gemacht werden kann.

BELEUCHTUNG

Die Beleuchtung im Badezimmer sollte funktional und atmosphärisch sein. Setzen Sie auf mehrere Lichtquellen. Stärkeres Licht empfiehlt sich in der Nähe des Spiegels, wobei die Leuchte nicht direkt über Ihrem Kopf an der Decke angebracht werden sollte. Warmes Licht beleuchtet abends sanft die Badezone. Dimmer variieren je nach Stimmung das Licht. Wählen Sie Badezimmerleuchten, die wasserdicht sind, sowie sparsame LED-Beleuchtung. Wenn Sie bauen, gönnen Sie sich ein großes Fenster. Denn schließlich ist der größte Luxus im Badezimmer das Tageslicht.

Industrie-Chic: Jieldé-Leuchte trifft Eichen-paneele aus Restholz.

BADEZIMMER MIT HERZ

STYLE: Sinnlicher Purismus

INSPIRATION: Lieblingsfarbe Weiß

STIMMUNGSMACHER: Weißtöne, Tageslicht, Relieffliesen in der Duschzone, Leuchten mit Kronleuchtereffekt, Gemälde, zwei Waschbecken

MISSION: Unaufdringliche Eleganz kreieren, auf Weiß und Licht setzen, auf Badewanne verzichten, um die Großzügigkeit des Raums zu betonen

> „Ich möchte mich in meinem Bad genauso wohlfühlen wie in meinem Wohnzimmer."

ABIGAIL AHERN, Interiordesignerin

Die Interiordesignerin **JUSTINE HUGH-JONES** reduziert in diesem Badezimmer in Australien alles auf seine Essenz. Die Wiederholung von Weiß und ein wenig Grau entfaltet eine beruhigende Wirkung. Bild und Leuchte lassen einen Hauch vergangener Zeiten verströmen. Eine fast monochrome Wohlfühloase, in der wenige Blumen für etwas Farbe und einen femininen Touch sorgen.

„Unser altes Bad strahlt nun neuen Glamour aus. Als ich für einige Tage verreist war, überraschte mich mein Mann mit einer Komplettrenovierung. Jeder Gegenstand hat hier seine eigene Geschichte."

KIM JOHNSON, Bloggerin

Metall und Kupfer treffen im Badezimmer der kanadischen Bloggerin **KIM JOHNSON** auf die Wärme des Eichenholzes. Die gute Materialauswahl macht das Bad wohnlicher. Die fünf Prints – ein Weihnachtsgeschenk – verleihen Klasse und Humor. Die Eichenpaneele an der Wand sind Reste einer Hausrenovierung. Der Teakholzschrank ist Vintage, die Jieldé-Leuchte über dem Spiegel von Ebay, der Wasserhahn eine Eigenkreation.

STYLE: Industrial Rustic

INSPIRATION: Natur, industrieller Charme, maskuline Elemente

STIMMUNGSMACHER: Eichenpaneele, Waschbecken aus Metall, Lieblingsleuchten, ein Hauch von Humor

MISSION: Industriellen Chic und maskulinen Glamour vereinen, das alte Bad in den neuen Lieblingsraum verwandeln

„Unser Bad ist voll von natürlichem Licht, und vom Fenster aus sieht man den Pazifik. Den Sonnenaufgang an der Westküste von hier zu beobachten, empfinde ich jedes Mal als einen einmaligen Moment. Ich bin dankbar, dass wir in diesem schönen Eckchen Kanadas wohnen."

NICOLE LAMAC, Grafikdesignerin, Marketingexpertin

Weiß in Kombination mit natürlichem Licht und geradlinigem Design besticht mit Klasse und verzückt mit Weite. So auch im elf Quadratmeter großen Badezimmer von **NICOLE** und **RADKO LAMAC**, ein ursprünglich fensterloser Raum, der nun nach der Renovierung als lichtdurchfluteter Raum verzaubert. Die optimale Platzierung der Sanitärelemente sorgt für ausreichend Bewegungsfreiheit. Qualitätsfliesen und weiße Marmormosaiksteine schmücken dezent. Nicole liebt die Fotografie mit natürlichem Licht. Ihre Fotos und der Silberspiegel runden den Look ab. Pflanze und Holzhocker erzeugen Wärme. So wirkt das Badezimmer behaglich.

STYLE: Vintage Luxe

INSPIRATION: Die Aussicht auf den Pazifik

STIMMUNGSMACHER: Weiß, natürliches Licht, Geradlinigkeit, antiker Bokhara-Teppich, schwarzweiße Fotografien, Holzhocker

MISSION: Puristisches Bad einrichten, auf Qualität setzen, mit Weiß und Licht Weite erzeugen

Holz ist die erste Wahl aller Naturliebhaber. Es ist wohnlich und sinnlich. Und es passt immer. Sogar im Badezimmer, wenn man lüftet und direkten Wasserkontakt vermeidet. Edel wirkt es in Kombination mit Licht und Weiß. Wie in diesem Bad in San Francisco, das von **FELDMAN ARCHITECTURE** eingerichtet wurde. Die Reduzierung auf das Wesentliche und seine Geradlinigkeit vermitteln zenartige Ruhe.

> „Das stillvolle Bad ist schlicht und zeichnet sich durch einen guten Materialmix aus. Der Mix ist auch immer ein Stil-Statement."
>
> **HELENA MARTIN,** Architektin

DETAILS

Wenn die Räume geplant sind und die Möbel ihren Platz gefunden haben, schlägt die Stunde der Details. Details erzeugen Atmosphäre, berühren das Herz und sind die Einzigen, die der Einrichtung das gewisse Etwas verleihen können. Schließlich ist jede liebevolle Dekoration die Summe liebevoller Details.

♡

Mein Einrichtungscredo ist:
Einfachheit, Leichtigkeit
und Optimismus.
Details sollen verzücken –
und vor allem
persönlich sein.

LIEBLINGSSTÜCKE

Aus dem Ozean:
Mushroom-Korallen
im Doppelpack

Lieblingsstücke geben der Wohnung eine Seele, spiegeln Ihre Persönlichkeit wider und sorgen für die Extraportion Liebe. Kein Designstück kann die Wärme, positive Energie und Ausstrahlung eines Lieblingsstücks toppen. Denn sie treffen mitten ins Herz. Sie zu arrangieren ist ein Vergnügen, und das Ergebnis kann sich sehen lassen: einzigartige Räume mit Charakter und originellem Twist.

Kleiner Luxus: hand-
gemachte marokkani-
sche Baumwolldecke
von Zoco Home.

„Ihr Zuhause trägt Ihren Fingerabdruck. Das, was es einzigartig macht, sind Ihre Lieblingsstücke.“

CAROL GIRON BESS-OBERTO,
Bloggerin

Spannendes Trio: Kette vom Urlaub, gesammelte Steine im IKEA-Kerzenhalter und der Lieblings-Achat.

Prachtstück: selbst bezogen mit dem Stoff *Älgört* von IKEA.

„Mein Haus ist voller Dinge, die mir etwas bedeuten.“

KELLY WEARSTLER,
Interiordesignerin

Jedes gelungene Zuhause tut es. Machen Sie es nach: Umgeben Sie sich mit Lieblingsstücken, die Ihnen nahestehen und Ihre Werte verkörpern. Denn Lieblingsstücke sind Vertrautheit, Botschaft und Erinnerung zugleich. Selbst in den Augenblicken, in denen Sie sich selbst nicht sicher sind, wer Sie sind, offenbaren sie Ihre Geschichte und geben ein eindeutiges Statement: „Das bin ich!“

Links: Treffpunkt: Auf dem alten Beistelltisch finden sich eine Vintage-Box, eine rote Vase vom Flohmarkt und die zeitlose Tischleuchte *AJ* von Louis Poulsen.

Rechts: Schnelle Idee: Urlaubsfotos mit einem Bürolocher oben in der Mitte lochen, an einen Ast hängen und das Meer in die eigenen vier Wände einziehen lassen.

„Oft sind es die kleinen Dinge, die etwas Großes bewirken.“

SCHAUPLATZ BÜCHERREGAL

Die Bücherregale sind einer der interessantesten Orte in der Wohnung. Sie verraten einiges über ihre Besitzer und schaffen einen glanzvollen Auftritt für Vasen, Fotografien und sonstige Schätze, an denen sich Herz und Augen erfreuen. Vergessen Sie die traditionellen Regale mit gleichartig gestellten Büchern. Die Regale von heute sind Schauplatz von ausgewählten Lieblingsstücken, die Glück verströmen und eine persönliche Geschichte mitbringen.

Mit Liebe gemacht: Reise-mitbringsel von Bali und Indien sowie die Lieblings-tasche vom Flohmarkt in Heidelberg krönen mein Bücherregal und verwandeln ihn in einen Ort voller Erinnerungen, Botschaften und Träume.

10 GRUNDSÄTZE FÜR REGALE MIT SOUL

WEGLASSEN

Behalten Sie nur Bücher, die Sie glücklich machen oder Ihren Geist wachsen lassen.

GRUPPIERUNG

Gruppieren Sie die Bücher, die die erste Hürde überstanden haben, nach Farbe, Größe oder Thema. Das erzeugt Harmonie.

POSITIONIERUNG

Legen Sie einige der Bücher waagerecht, stellen Sie andere senkrecht.

LEERE

Betonen Sie die einzelnen Gruppen, indem Sie den Platz zwischen ihnen frei lassen. Denn diese Freiräume lenken den Blick gezielt auf die Gruppierungen.

ÜBERRASCHUNG

Fügen Sie ein Überraschungselement hinzu – Vintage-Uhr, Gemälde, persönliche Kollektion, Schwarzweißfotografie, cooles Print. Tapezieren Sie einen Teil der Innenfläche mit Tapetenresten oder Geschenkpapier. Das macht die Regale spannend.

EMOTION

Dinge, die Sie positiv beeinflussen und in einer emotionalen Verbindung zu Ihnen stehen, dürfen auch hier nicht fehlen – Steine, die Sie während eines unvergesslichen Spaziergangs gefunden haben, Erbstücke, Geschenke, Fotos, die an glückliche Momente erinnern …

WIEDERHOLUNG

Setzen Sie auf Wiederholung. Schöne Boxen, Ordner, Vasen, Kerzenständer sehen in einer Reihe großartig aus. Die Wiederholung sorgt für optischen Halt und vermittelt Einheitlichkeit.

TRÄUME

Stellen etwas auf, das mit Ihren Träumen verbunden ist. Eine Reise in die Atacamawüste ist einer meiner Träume. Auf einen Teil der Innenfläche meines Bücherregals habe ich daher eine alte Karte der Atacama befestigt. So verliere ich meinen Traum nie aus den Augen.

VERÄNDERUNG

Ändern Sie die Aufstellungen ab und zu. Sonst hören Sie mit der Zeit auf, sie wahrzunehmen.

MAGIE

Die Verbreitung von E-Books nimmt zu. Das erfreut das Puristenherz und hat einen enormen Vorteil: Die elektronischen Bücher sind leicht, bequem und überall mitzunehmen. Charme und Persönlichkeit strahlen aber weiterhin die Papierbücher aus. Deshalb sind Lieblingsbücher in Papierform unverzichtbar.

Unerwartete Freunschaft: Pop-Up-Karte – ein Mitbringsel aus Vietnam – in dicker Umarmung mit Lieblingsbüchern über Reisen, Fotografie und Design.

Links: Lieblingsbücher in lässiger Anordnung, einfache Regale sowie die pastellgrüne Tischleuchte *AJ* von Louis Poulsen verleihen dieser kleinen Bücherecke Charme und Persönlichkeit. Wenn architektonische Elemente das gewisse Etwas im Raum sind, ist Einfachheit angesagt.

Rechts: Selbstgemachte Drahtregale sind ein Blickfang und dienen als Ablagefläche für kleine Schätze. Die Bücher sind nach Farben geordnet und dabei lässig in Szene gesetzt.

Ganz rechts: Ebenso praktisch wie spannend ist der Servierwagen, der als Bücherregal zweckentfremdet wird. Vintage-Poster und industrielle Elemente erzeugen Dynamik und einen Hauch maskuliner Coolness.

„Beschränken Sie sich nicht allein auf Bücher. Die Bücherregale sind eine großartige Präsentationsfläche für alles, was für Sie eine Bedeutung hat – Skulpturen, Porzellan, dekorative Boxen. Sie können den Hintergrund der Regale mit Farbe oder Spiegeln hervorheben und so die Aufmerksamkeit auf interessante Details lenken."

CELERIE KEMBLE, Interiordesignerin

WANDLANDSCHAFT: FOTOS & CO.

Ein einzigartiges Wandarrangement verleiht dem Raum Charme und sorgt für eine Extraportion Persönlichkeit. Sammeln Sie Inspirationen für eine ungewöhnliche Wandgestaltung – Kunst, Fotos, Landkarten, Filmplakate, Teller, Zitate, Typografie. An die Wand darf alles, was Sie begeistert. Woran Sie glauben. Wovon Sie träumen. Was Sie berührt.

„Die Aneinanderreihung von großen und kleinen Bildern erzeugt Verspieltheit. Feste Regeln gibt es nicht. Nur Leitwörter wie Spaß, Mut und Experiment."

PAROLIO, Interiordesigner

we
made
them

Happy Wand: Selbstgemachtes
Poster oben und Kunst von
Per Front unten. Die Kombination von Weiß und Filigranem
ist luftig. Leuchten: Muuto.

AN DIE WAND: VERSCHIEDENE ANORDNUNGEN VON BILDERN

Über einer imaginären Linie

Ein zentrales Bild als Mittelpunkt

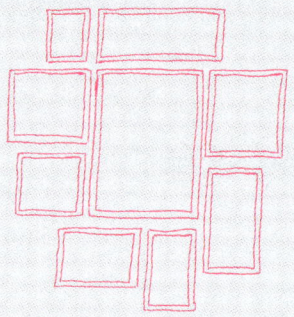

Über und unter einer imaginären Linie

Treppenartig

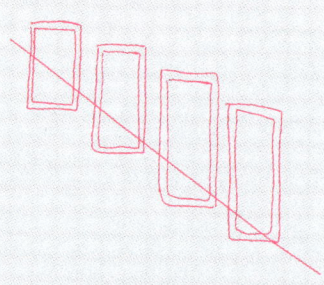

Zentral nach einer vertikalen Linie

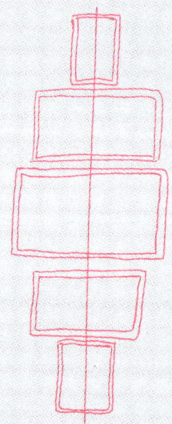

Bilder als geometrische Figur, z.B. Quadrat

Rechts und links einer vertikalen Linie

Innerhalb eines imaginären Rahmens

„Ich liebe Gruppierungen von Fotos, die eine einheitliche Story erzählen wie z.B. Aufnahmen von meinen Kindern während eines Spaziergangs, von glücklichen Gesichtern im Urlaub oder Details vom Meer."

TEREZA FUSINATO DOS SANTOS, Interiordesignerin

Schwarzweiß verbindet und verleiht dem Arrangement eine einheitliche Wirkung. Unterstützt wird diese Einheitlichkeit durch die gleiche Rahmenfarbe und den gleichen Hauptdarsteller: die sechsjährige Gaby. Sideboard: Jake Lee.

Rechts: Was rauskommt, wenn sich alte, leere Bilderrahmen zusammentun? Etwas Außergewöhnliches! Voraussetzung: es handelt sich um Liebhaberstücke wie diese in der Wohnung der Stylistin Justina Blakeney.

Ganz rechts: Moderne Kunst und stillvoll gerahmte Fotografien hübschen diese Wand in Brasilien auf. Begleitet werden sie von Paul-Smith-Kissen, die Omas Stickereien ähneln. Das Sofa ist ein Erbstück.

Made with love: Zeitschriftenausschnitte, Urlaubsfotos und Topflappen *Triangle* in Mint von Ferm Living.

Auf Tuchfühlung: Arrangements in Schwarzweiß wirken klassisch. Und es ist nicht zu erkennen, dass das New-York-Bild ein eingerahmtes Küchentuch von H&M ist.

„Die Leute kopieren oft den Look, den sie in Magazinen gesehen haben. Tun Sie es nicht. Gestalten Sie ein Zuhause, das Ihr wahres Ich widerspiegelt. Füllen Sie es aus, mit den Dingen, die Sie lieben."

JAMIE DRAKE, Interiordesigner

AUFHÄNG-TIPPS:

Wählen Sie eine Anordnungsvariante aus. Testen Sie sie auf dem Tisch oder dem Boden, um zu sehen, ob sie Ihnen gefällt. Bei gleichem Abstand zwischen den einzelnen Rahmen entsteht ein Gefühl von Ordnung, eine Hängung dicht an dicht wirkt modern.

Mehrere Bilder werden zu einem einheitlichen Ganzen durch ein verbindendes Element – gleiche Rahmen, Farbe oder Thema.

Gruppierungen von schwarzweißen Fotos wirken einheitlich, auch wenn die Fotos keine gemeinsame Story erzählen.

Mixen Sie Fotos mit originellen Dingen, die kaum etwas kosten. In stilvollen Rahmen sehen sogar Post- und Kinokarten, Quittungen, Kinderzeichnungen oder Magazinseiten einfach einzigartig aus.

Treppen mit Aha-Effekt!
Dank des spannenden
Bildarrangements, das aus
Zeitschriftenausschnitten
und Bildern besteht und
in überraschender Anord-
nung dicht aneinander
platziert ist.

Glück und Freiheit strahlen
Arrangements aus, die die
Sonnenseite des Lebens
transportieren. Eine simple
Idee mit Riesenwirkung:
statt Bildermotive einfach
einige bunte Blätter dazwi-
schen platzieren.

TAPETEN, STICKER & CO.

Die Tapete feiert ihr Comeback: floral, grafisch, dezent, in Ziegel- oder Holzoptik, im Used-Look, mit Farbverlauf oder mit selbstgeschossenem Foto darauf. Betrachten Sie die Tapete als Wandschmuck. Setzen Sie auf Muster, die Ihnen lange Freude bereiten und zur Einrichtung passen. Blickfang sind Tapeten an einer Wand sowie Wandtattoos, die einfach und schnell anzubringen und leicht wieder zu entfernen sind. Gerahmte Tapetenreste haben eine Wirkung wie ein Kunstwerk. Bei niedrigeren Decken empfiehlt es sich, auf horizontale Muster zu verzichten.

Waschen im Birkenwald? Wie das geht? Mit einer Tapete von Cole & Sons.

Beste Freunde: Elefant und Hase einzeln im Internet aufgespürt, mit Adobe Illustrator verarbeitet und auf selbstklebendes Textil gedruckt.

Schultafelfreude: über-
raschender Blickfang für
Kinder und Erwachsene.

Charakterstück: Die Tapete
von Design Your Wall
verleiht Retro-Charme. Bank:
Zentique Los Angeles.

„Fangen Sie mit einer Tapete
mit grafischem Muster an –
und Sie werden nicht mehr
zurückblicken."

JONATHAN ADLER, Interiordesigner,
Keramikkünstler

HAPPY ARRANGEMENTS

Arrangements gehören zu einem persönlichen
Look dazu. Hübsche Accessoires und Liebgewon-
nenes sehen am besten gruppiert aus. Die Gruppe
verleiht ihnen eine stärkere Präsenz und das
Interior freut sich auf eine spannende Happy Insel.
Trauen Sie sich ruhig! Vom Arrangieren kann
man gar nicht genug bekommen. Und mit einigen
Tipps bringt's auch noch mehr Spaß!

Das Bild *Parrot in the Jungle*
ist von der kanadischen Künstlerin Nancy Ramirez. Begleitet
wird es von der Tischleuchte
und der silbernen Vase von
Home Sense.

„Lassen Sie keine großen Abstände zwischen
den Gegenständen in der Gruppe.
Stellen Sie die kleinen Mitglieder des Arrangements vor die großen. So wirkt
die Gruppierung dreidimensional.“

ABIGAIL AHERN, Interiordesignerin

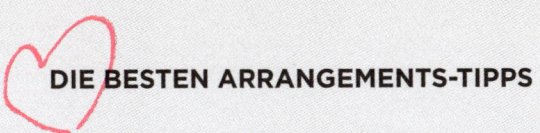

DIE BESTEN ARRANGEMENTS-TIPPS

ORDNEN SIE WIE DIE PROFIS – in Gruppen. Vasen, Mitbringsel und Flohmarktschätze kommen besser zur Geltung, wenn sie gruppiert sind. Im ganzen Zimmer verstreut, verlieren sie ihre Wirkungskraft.

BILDEN SIE GRUPPEN AUF DEM BÜCHERREGAL, dem Sideboard, der Kommode, dem Couch- und Wohnzimmertisch oder der Fensterbank. Visuell ansprechend wirken besonders Gruppierungen in ungeraden Zahlen.

BEGINNEN SIE MIT DEN DINGEN, DIE IHNEN AM MEISTEN GEFALLEN. Falls Sie gern lesen, arrangieren Sie ein paar Ihrer Lieblingsbücher nebeneinander. Wenn Sie Kunst sammeln, ordnen Sie sie auf eine unerwartete Art und Weise.

SUCHEN SIE NACH EINEM BINDEGLIED, das die Gemeinsamkeiten zwischen den unterschiedlichen Gruppenelementen betont. Achten Sie beim Arrangieren auf Format, Farbe und Material.

SETZEN SIE AUF WIEDERHOLUNG und Kontrast. Das erzeugt Dynamik.

FÜGEN SIE JEDEM ARRANGEMENT EINEN GEGENSTAND HINZU, in den Sie verliebt sind: in seine Form, in seine Ausstrahlung, in seine Unperfektheit. Oder in seine Botschaft.

ACHTEN SIE DARAUF, DASS DAS ARRANGEMENT NICHT STATISCH WIRKT: Räume brauchen einen Hauch von Lässigkeit.

MERKEN SIE SICH NICHT ZU VIELE DEKORATIONSREGELN. Suchen Sie nach Farben und Formen, die visuell harmonieren. Wie auch immer Sie die Gegenstände gruppieren, das Wichtigste ist: Bereitet ihr Anblick Freude? Erzählen sie Ihre Geschichte? Denn gutes Arrangement ist zu 30 Prozent Format, Farbe und Material und zu 70 Prozent Freude.

„Lassen Sie sich Zeit. Übung macht den Dekorateur."

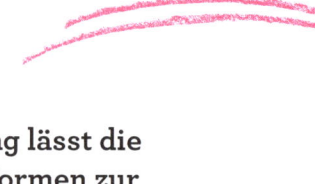

„Die Gruppierung lässt die verschiedenen Formen zur Geltung kommen und betont das, was das einzelne Objekt beachtenswert macht."

CELERIE KEMBLE,
Interiordesignerin

Oben: Zen-Gefühl vermitteln das zurückhaltende Farbschema, die Buddha-Statue aus Laos, die Fotografie vom Flohmarkt und Steine vom Lieblingsstrand am Schwarzen Meer. Beistelltisch: IKEA.

Links: Ein Hauch von Retro mit Botschaft: Poster von Therese Sennerholt und Vintage-Vase von La Mesa. Dazu Bücher in passender Farbpalette und Holzbär von Kay Bojesen.

BEISTELLTISCH SELBSTGEMACHT

Einen Beistelltisch selbst zu bauen macht Spaß! Für meinen habe ich einen Eichenstamm benutzt, den ich zuerst mehrere Monate lang trocknen ließ. Dann habe ich die Beine beim Holzdrechsler bestellt, in Gelb lackiert und die passenden Löcher in den Eichenstamm mit einem speziellen Holzbohrer gebohrt. Anschließend habe ich die Beine mit Holzkleber fixiert und 24 Stunden trocknen lassen. Vase: Nanu Nana, Kette aus Tunesien, Duftzerstäuber: Vesuvio.

WOHLFÜHLFARBEN

Es gibt keine Trendfarben. Nur Lieblingsfarben. Und diese berauschen wie Meer und Flamingo, Magnolie und Kokos, Sonne und Lavendel. Sie sind das Erste, was wir wahrnehmen, wenn wir einen Raum betreten. Sie erzeugen Stimmung, vermitteln Botschaften und beeinflussen uns. Rot ist eine Explosion von Sinnlichkeit und Kraft. Weiß eine Wolke aus Reinheit und Spiritualität. Gelb pure Lebenslust. Grasgrün sattes Leben. Pink die sanfte Energie. Grau entführt in die Welt der Eleganz, Lagunenblau auf unsere Trauminsel.

> **„Experimentieren Sie mit Farbe! Ein Leben ohne Farbe ist wie ein Leben ohne Liebe. Durch das Hinzufügen von Akzenten in neuen oder überraschenden Farben kann jeder Raum einfach verändert werden."**
>
> **KELLY WEARSTLER,**
> Interiordesignerin

Zeitlose Wahl: Die Kombination Grau-Weiß wirkt edel und strahlt Ruhe aus. Kissen und Antikschrank – ein Erbstück – durchbrechen ihre Allianz.

DIE BESTEN FARB-TIPPS

LASSEN SIE IN JEDEM RAUM EINE ODER ZWEI GRUND-FARBEN HERRSCHEN. Beachten Sie, dass die Grundfarbe nicht unbedingt Kontrast erzeugen sollte. Setzen Sie auf sinnliche Farben als Akzente. Sinnlich sind nicht die aufsehenerregenden Töne, sondern solche, die Ihnen nahstehen und Ihre Sinne ansprechen. Wiederholen Sie die Akzentfarben mindestens an zwei verschiedenen Stellen. So treten sie in visuellen Dialog und verbinden die Einrichtung zu einem einheitlichen Ganzen.

WAGEN SIE FARBEXPERIMENTE durch Textil und Accessoires, die Sie kostengünstig umtauschen können. Farblich allzu dezente Räume strahlen zwar Ruhe, aber nicht Lebensfreude aus.

AKZENTE IN POPPIGEN FARBEN wie Magenta, Gelb oder Türkis bringen Optimismus in den Raum. Sie sind pure Energizer. Um ihr Potenzial entfalten zu können, brauchen sie aber einen riesigen weißen Hintergrund.

FALLS SIE EINE KALTE FARBE – Blau, Grün, Hellgrau, Silber, Violett, Flieder, Mint – auswählen, bringen Sie Wärme durch eine Vielfalt an üppigen Stoffen ein.

BEACHTEN SIE, DASS KRÄFTIGE WANDFARBEN die Wand in den Mittelpunkt setzen und verhindern, dass Lieblingsstücke und ausgewählte Möbel im Vordergrund stehen.

FÜR EINE STILSICHERE FARBWAHL denken Sie an Kombinationen, die in der Natur vorkommen. An die Farben Ihrer Lieblingskleider. Haben Sie bemerkt, welche Zeitschriftenfotos Ihren Blick anziehen? Welche Nuancen sieht man dort? Welche Töne stimmen Sie froh? Hat eine bestimmte Couleur Ihr Herz berührt, als Sie im Urlaub waren? Das leuchtende Pink Indiens? Das bunte Chaos auf dem Markt in Marrakesch? Das erfrischende Blau des Mittelmeeres? Diese Fragen helfen, Ihr Farbgespür in Gang zu setzen und sich mit Farben zu umgeben, die Ihrer Seele guttun.

SUCHEN SIE NACH EINZIGARTIGEN FARBKOMBINA-TIONEN und vergessen Sie ab und zu, was als normal gilt.

Energizer: Apricot als Hintergrund für kleine Schätze.

„Lust auf Farbe?
Bestimmt mit Türkis und softem Pink!
Die Farbpalette sollte fabelhaft
aussehen und auf keinen Fall
matchy-matchy."

Rosige Zeiten: Pink ist Optimismus und positive Energie zugleich. In Kombination mit Schwarz, Weiß und Gold wirkt es besonders edel. Hänge- und Wandleuchte: Designdelicatessen.

Aqua-Power: Die Blautöne sind Wohnlieblinge mit großem Relax-Effekt! Wenn die Muster in der gleichen Farbfamilie bleiben, können Sie nach Lust und Laune mixen. Die Einrichtung bleibt abgestimmt. Trotz verschiedener Farbabstufungen. Trotz wilden Print-Mix.

KUSCHELECKEN

Schaukelfreude:
mit Eames-Schau-
kelstuhl und na-
türlichen Textilien.
Leuchte: Gubi.

Schaffen Sie sich eine Zone, wo die Seele blaumachen kann. Mit Sofa, Sessel und Schaukelstuhl taucht man schnell in die Welt der Entspannung ein. Das Leben auf dem Gaspedal ist dort tabu. In jeder Wohnung findet sich eine Ecke, die für einen gemütlichen Sitzplatz wie geschaffen ist. Mit einem außergewöhnlichen Sessel, einem soften Kissen und Licht verwandelt sie sich schnell in die Ecke, die Sie mit Wohlgefühl umhüllt. Auch wenn Sie nicht täglich Zeit zum Genießen haben, allein der Blick auf Ihre Sitzecke de Luxe hilft, Glücksgefühle auszulösen.

Wie oben so unten: dank des Poufs von One Kings Lane und des Teppichs von Etsy.

„Meine Lieblingsecke ist gemütlich und einladend. Ich kann dort stundenlang sitzen. Barfuß, einfach mit einer Tasse Tee und einem guten Buch. Umgeben von Kissen und einem weichen Überwurf aus Kaschmirwolle."

SOLEDAD G. ALZAGA, Interiordesignerin

Global soft: Mit Kissen von Lisen
Stibeck und Handira-Decke von
Zoco Home als Teppich.

Entspannende Frische: Sofa und
Teppich: IKEA, Hocker: Flohmarkt,
Kunst: Tone Alsos Aarø.

Lieblingsecke:
direkt im Wald,
mit alter Kellertür,
die neu aufgehängt
wurde. Leuchte:
IKEA.

Retro-Power: *Bubble*-
Sessel und Tapete von
Cole & Son.

LIEBLINGSBEGLEITER KISSEN

Kissen bringen Behaglichkeit und setzen farbige Akzente. Sie sind eine unkomplizierte und günstige Möglichkeit, den Gesamteindruck des Raums übers Wochenende schnell zu verändern. Ein paar Lieblingsstücke gepaart mit einem interessanten Materialmix – und schon entsteht eine exquisite Kissengruppe, die das alte Sofa in einen Logenplatz verwandelt.

„Wenn die Kissenbezüge in derselben Farbfamilie bleiben, können Sie mixen, wie es Ihnen gefällt. Wenn sie verschieden sind, suchen Sie nach Symmetrie oder ähnlichen Prints."

MYRICA BERGQVIST, Interiorstylistin

Liebe Erinnerung: Die Kissen – ein Erbstück von der Oma – verleihen Wärme und sehen überall gut aus.

Wohlfühlgarantie: Kissen von Chhatwal & Jonsson, House Doctor und IKEA. Stiller Blickfang: die 200 Zentimeter lange, mit Tapete von Piet Hein Eek beklebte Schaltafel.

Sommergruß: Die Kissen in pudrigem Rosa und Zitronengelb strahlen Lebensfreude aus und bringen die Lieblingsjahreszeit direkt aufs Sofa.

Lebensfrohe Kuschelecke?
Ja bitte! Kissenensemble
in grafischen Mustern von
Svenskt Tenn und Mari-
mekko peppt das weiße Sofa
auf und lädt zum stunden-
langen Verweilen ein.

TEPPICHE ZUM ABHEBEN

Der Teppich ist ein effektvolles Gestaltungselement. Er balanciert die Farbpalette, zoniert den Raum und verbindet Details zu einem einheitlichen Ganzen. Mit Teppichen kann man außerdem interessante Muster der Einrichtung hinzufügen. Er schmückt den Boden und bringt uns in das Dilemma: einfach abheben oder auf dem Teppich bleiben?

„Das Allerwichtigste ist, dass Sie den Teppich zum Verlieben schön finden. Seine Farben, Muster und Geschichte natürlich auch. Und bevor Sie Ihr Lieblingsstück kaufen, vergewissern Sie sich, dass es ethisch korrekt hergestellt wurde. Denn alles in der Wohnung strahlt Energie aus."

HEIDI CORREA, Bloggerin, Shopinhaberin

Links: Der Beni-Ourain-Teppich herrscht still und vermittelt. Ein Glücksgriff von einem Secondhand-Shop in Paris. Stuhl: *CH25* von Hans Wegner.

Rechts: Das irische Schaffell ist ein Geburtstagsgeschenk. Begleitet wird es von einem deutschen Ast, der lose oben auf beiden Schränken aufliegt, die den Ankleidebereich vom Schlafzimmer abtrennen.

TEPPICH-WAHL

SUCHEN SIE DEN TEPPICH ERST AUS, WENN DIE REST-LICHE EINRICHTUNG FERTIG IST. Er ist das Band, das alle Farben, Möbel und Stoffe harmonisch verbindet und das Gesamtbild komplett macht.

ÜBERLEGEN SIE, WO DER TEPPICH LIEGEN WIRD. Welche Größe entspricht den Raumproportionen? Welche Farben und Muster vervollständigen den Raum?

SETZEN SIE AUF EINEN TEPPICH-STIL, DER SIE GLÜCK-LICH MACHT und sich in das Interieur gut einfügt – Nomaden-Flair, Orient-Look, moderne Optik oder Natural Organic.

WÄHLEN SIE DAS MATERIAL JE NACH BEANSPRU-CHUNG DER ZONE AUS. Teppiche mit extralangen Fäden sind für den Eingangsbereich und unter dem Esstisch weniger geeignet als im Schlaf- oder Wohnzimmer.

ENTSCHEIDEN SIE SICH NUR FÜR TEPPICHE AUS NATURSTOFFEN wie Ghazni-Hochlandwolle, Schurwolle, Kokos, Jute, Leinen, Baumwolle, Seide, Seegras, Bambus oder Sisal, der aus den Agaveblättern gewonnen wird.

BEDECKEN SIE NICHT DEN GANZEN BODEN MIT TEPPICH. Sonst sieht der Raum kleiner aus.

BEACHTEN SIE, DASS NICHT JEDER RAUM EINEN TEPPICH BRAUCHT. Ein schöner Boden ist manchmal genug.

SCHAUEN SIE SICH NACH UNGEWÖHNLICHEN GE-BRAUCHSTEPPICHEN auf Flohmärkten, in Antikläden oder im Internet um. Ein Vintage-Teppich hat Ausstrahlung, die nagelneuen Stücken oft fehlt.

Falls Sie Ihr Prachtstück gefunden haben, erkundigen Sie sich, ob der Teppich ethisch korrekt hergestellt wurde und das GoodWeave (ehem. RugMark)- oder das STEP-Siegel trägt. Laut Schätzungen der Internationalen Arbeitsorganisation ILO sollen allein in Nepal, Afghanistan, Indien und Pakistan über 200 000 Kinder unter 14 Jahren in der Teppichproduktion unter unvorstellbaren Bedingungen beschäftigt sein. Das Siegel des Berufsverbandes des europäischen Teppichhandels – das sog. Care & Fair-Zeichen – reicht nicht aus. Der Verzicht auf illegale Kinderarbeit wird zwar vorgeschrieben, aber nicht garantiert.

Ein Teppich aus Schurwolle und ein Batman-Poster sind die Hauptdarsteller in dieser ungewöhnlichen Wohlfühlwelt, die der brasilianische Architekt Guilherme Torres kreiert hat.

LICHTBLICKE

Eine zentrale Lichtquelle, die im Alleingang den Boden frontal beleuchtet, gehört der Vergangenheit an. Die neue Beleuchtung verspricht Funktionalität und Betonung, Dekoration und Poesie zugleich. Sie setzt Akzente, gliedert den Raum, macht Rhythmus sichtbar, ändert die Stimmung und kreiert Atmosphäre.

Kleine Räume mit wenigen Möbelstücken lieben große Leuchten. Vintage-Buchstaben wirken dort überraschend und verleihen Retro-Charme. Pouf: Pottery Barn.

„Die Beleuchtung ist der spannendste Bereich des Designs. Sie fasziniert mich."

TOM DIXON, Designer

Verspielt wirken Pendelleuchten, die in unterschiedlichen Höhen von der Decke hängen.

Waldzauber: mit dem Wandleuchter *Real Simple* von Robert Abbey und dem Baumsticker von Dali Decals.

„Die Beleuchtung ist eine großartige Möglichkeit, dem Raum mehr Emotion zuzufügen. Sie kann einfach alles verändern. "

KELLY HOPPEN, Interiordesignerin

1001 Nacht: die marokkanische Laterne von Zoco Home zaubert Licht- und Schattenspiele.

DIE BESTEN TIPPS FÜR EINE GUTE BELEUCHTUNG

DENKEN SIE AN DIE LICHTQUELLEN bereits im Anfangsstadium des Gestaltungsprozesses und planen Sie genug Steckdosen ein. Betrachten Sie die Beleuchtung als dekoratives Element, die Teil der Inneneinrichtung ist und ihr Charakter verleiht.

SETZEN SIE AUF LICHTKÖRPER UNTERSCHIEDLICHER ART UND LICHTSTÄRKE. Außer der verbreiteten Deckenleuchten gibt es Stehleuchten, Tischleuchten, Hängeleuchten, Strahler, Einbauleuchten, Lichterketten, Schirmleuchten, Papierlampions, Lichtleisten, LED-Leuchten. Kombinieren Sie Akzentlicht, Hintergrundbeleuchtung, Streulicht und punktuelles Licht. Das Geheimnis der guten Beleuchtung liegt in ihrer Vielfältigkeit.

BESTIMMEN SIE ALL DIE FLÄCHEN, die zentrale Beleuchtung benötigen – Arbeitstisch, Kücheninsel, kuscheliger Lesesessel … Überlegen Sie, was Sie betonen möchten. Die Akzentbeleuchtung weckt Interesse und lenkt den Blick auf Flächen, die hervorzuheben sind – Kunstwerke, Möbelstücke, Arrangements. Eine beleuchtete Wand hinterlässt bleibenden Eindruck und lässt den Raum größer erscheinen.

TRAUEN SIE SICH, EINIGE ZONEN UNBELEUCHTET ZU LASSEN. Genau diese kleinen Bereiche im Schatten helfen, die gewünschten Akzente in den Vordergrund zu rücken. Ein Raum, der voll ausgeleuchtet ist, wirkt unnatürlich. Es fehlt ihm an Atmosphäre und Gemütlichkeit. Atmosphäre schaffen Leuchten mit warmem Licht und wenig Watt.

SORGEN SIE FÜR ÜBERRASCHUNG. Stellen Sie die Lieblingsleuchte, die typisch für das Wohnzimmer ist, in den winzigen Kleiderraum oder in die Küche. Und fügen Sie eine Leuchte, die Hingucker ist – ein alter Kronleuchter oder eine außergewöhnliche Tischleuchte, die wie Skulptur wirkt – hinzu.

BENUTZEN SIE LED-LEUCHTEN. Sie sind energiesparend, enthalten kein Quecksilber und sind gut für die Umwelt. Die Lebensdauer einer durchschnittlichen LED-Leuchte reicht bis zu 70 000 Stunden. Im Vergleich: ein Standardlichtkörper 6000 Stunden.

Kuschelige Ecken lieben schöne Leuchten. Besonders, wenn sie luftig und schwerelos wirken. Leuchte: IKEA, Hugs-Kissen: Jonathan Adler, Eule: Two's Company.

HINGUCKER SPIEGEL

Spiegel liefern Volumen, Licht und einen Hauch von Glamour. Sie verleihen dem Raum Tiefe und sorgen für Vergrößerungsillusion. Antik, modern oder Vintage – die Spiegel sind außergewöhnliche Rahmen für die Gegenstände, die sie reflektieren. Betrachten Sie einmal die Widerspiegelung. Ist sie interessant? Bereitet sie Ihnen Freude? Falls nicht, lohnt es sich auch nicht, sie im Doppelpack zu sehen.

„Schöne Spiegel gehören zu jedem Raum – ob groß oder klein. Sie verleihen Charakter, ohne viel Platz zu beanspruchen. Mir gefällt, wenn der Spiegel gegenüber dem Fenster platziert wird. So wird die Aussicht draußen zu einem Teil der Inneneinrichtung."

CHANTAL SPANICCIATI, Interiordesignerin

Hauptdarsteller: der Spiegel von Mix Furniture mit außergewöhnlichem Rahmen aus alten Eisenbahnschwellen.

Das Wandarrangement wirkt langweilig? Dann einfach einen kleinen Spiegel dazwischenhängen.

Starkes Team: Flohmarkt-Spiegel und Tapete von Cole & Son.

IKEA-Spiegel küsst Birkenäste. Tapete: Cole & Son.

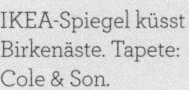

TAFELFREUDE

Asien-Flair: mit Grünteeflaschen als Vasen und Geschenkpapier als Tischdecke.

Naturnah, verspielt, Zen, jenseits von Afrika, sommerlich oder festlich ... Alle denkbaren Stimmungen können auf einen Tisch gezaubert werden. Eine einzigartige Tafel verströmt einen Hauch von Dolce Vita, verführt zum Genießen und lädt dazu ein, mehr Zeit mit lieben Menschen zu verbringen. Warten Sie nicht bis zur Geburtstagsfeier oder bis Weihnachten. Ein gemütlicher Abend zu zweit kann nie zu oft stattfinden. Schließlich bietet jeder Tag einen Grund zum Feiern.

Augenfreude: schwimmende Blumen und Pastell-farben.

Softer Zauber: Kranz mit zartem Hirtentäschel und pastellfarbenen Bändern.

„Auf Geschirr in Weiß sieht das Essen am besten aus. Man braucht noch ein paar fri-sche Blumen und schon beginnt der Tisch zu leuchten."

ROWAIDA FLAYHAN, Designliebhaberin

Provence meets China: Lavendel schmückt das gerollte Menüblatt. Die chinesische Vase vom Flohmarkt und Goji-Beeren im Wasser schauen zu.

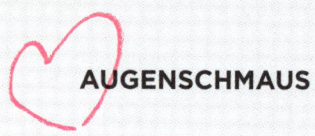

AUGENSCHMAUS

BESTIMMEN SIE DAS THEMA UND DEN BLICKFANG, z. B. Sommertraum, Italien, Karibikzauber oder auch Thai-Abend.

WÄHLEN SIE DIE FARBPALETTE und stimmen Sie Geschirr, Tischsets, Besteck, Kerzen, Blumen, Servietten darauf ab.

VERLEIHEN SIE IHRER TAFEL EINE PERSÖNLICHE NOTE mit etwas Selbstgemachtem – Namenskarten, Menü, persönliche Botschaften, Serviettenringe.

BEACHTEN SIE BEIM EINDECKEN, dass jeder Gast ca. 80 Zentimeter Platz benötigt.

EINE FORMELLE ANORDNUNG – drei Gabeln, vier Messer und vier Gläser – sorgen für eine Extraportion Festlichkeit. Bieten Sie dies aber nur an, falls das Besteck und die Gläser tatsächlich benutzt werden. Ob das der Fall ist, hängt von Ihrem Menü ab.

STELLEN SIE BLUMEN IN DIE MITTE DES TISCHES, denn sie sorgen für Stimmung. Wählen Sie niedrige Sträuße passend zum Anlass und der Jahreszeit. Eine einfache Idee mit Riesenwirkung sind schwimmende Blumen.

Hochgenuss: Dezente Farben und Zapfendekoration warten auf ein leckeres Herbstmenü. Kerzenhalter und Servietten von Wunderschön gemacht.

Serviervorschlag: mit selbstgemachtem goldenen Blatt und Stoffserviette. Teller: IKEA.

Natur-Flair: mit Namenskarten auf Holzstämmchen.

FORMELLE ANORDNUNG

1. Vorspeisegabel
2. Hauptganggabel
3. Teller
4. Serviette
5. Hauptgangmesser
6. Vorspeisemesser
7. Suppenlöffel
8. Wasserglas
9. Weißweinglas
10. Rotweinglas
11. Sektglas (Glas für Dessertwein)
12. Dessertlöffel
13. Dessertgabel
14. Brotteller mit Brotmesser

FLOWER POWER

Blumen machen das Interieur lebendig. Sie haben unübertroffene Ausstrahlung. Unabhängig davon, wie großartig und teuer die Möbel sind, mit dem natürlichen Charme einer Blüte sind sie nicht zu vergleichen. Im Wohnzimmer oder in der Küche, im Bad oder auf dem gedeckten Tisch: Blumen beleben jedes Eckchen. Dabei braucht man nicht viel – eine Soloblüte oder einzelne Zweige genügen.

„Frische Blumen! Ganz egal, ob man ein Stillleben zusammenstellt oder den Tisch dekoriert – frische Blumen machen das Ganze perfekt. Manchmal reicht schon eine einzige Blüte oder ein Ast, an dem das erste Frühlingsgrün sprießt."

SABINE WITTIG, Bloggerin, Shopinhaberin

Ganz links: Ein einfaches Glas genügt, wenn darin die Lieblingsblumen – Pfingstrosen – ihren Platz nehmen.

Links: Zart und luftig wirken Hagebuttenäste in durchsichtigen Gläsern. In dieser monochromen Umgebung kommen sie bestens zu Geltung.

Magnolien, Anemonen, Pfingstrosen, Cymbidium-Orchideen und Jasmin schmücken den *Torsby*-Tisch von IKEA. Holzstühle: Organic Modernism Brooklyn, Stühle in Gelb von Blue Dot.

„Haben Sie immer frische Blumen.
Auch wenn Sie auf wenigen
Quadratmetern wohnen und
anstelle eines Bettes eine Matratze
auf dem Boden haben – mit Blumen
wird es schön aussehen.“

RYAN KORBAN, Interiordesigner

Selbstgepflückte Wiesenblumen
und ein Mitbringsel: Die Tapete
wurde während eines Holland-
Urlaubs entdeckt.

SO BLEIBEN SCHNITTBLUMEN LÄNGER FRISCH

Die 5 besten Tipps der Blumendesignerin Natalie Bowen Brookshire:

Wenn Sie Schnittblumen kaufen, wählen Sie Blüten, die leicht oder noch nicht ganz geöffnet sind. So werden Sie länger an ihrer Schönheit Freude haben.

Verschiedene Schnittblumen mögen unterschiedliche Wassermengen und Wassertemperaturen. Ranunkeln genügen 5 Zentimeter Wasser. Dahlien lieben dagegen warmes Wasser. Mit der richtigen Wassermenge und Wassertemperatur halten Schnittblumen länger.

Setzen Sie die Blumen nie der direkten Sonneneinstrahlung oder der Zugluft aus. Je wärmer der Raum ist, desto schneller werden sich die Blüten öffnen.

Schneiden Sie Rosen mit einem Messer schräg an. Sind sie bereits am Welken, können Sie sie wiederbeleben, indem Sie die Stiele horizontal auf einem Teller mit warmem Wasser 30 Minuten lang liegen lassen.

Wechseln Sie täglich das Wasser. Blumen benötigen in der Regel viel und sauberes Wasser. Die meisten Blumen brauchen mehr Wasser, als man gewöhnlich in die Vase füllt.

Erdbeeren-Liebe: Blumengießkanne vom Flohmarkt und Erdbeerblüten aus dem eigenen Garten.

GREEN LOVE

Ein blühender Trend: Es ist einfach toll, etwas Lebendiges in der Wohnung zu haben, das wächst und für ein prima Raumklima sorgt. Die grüne Bewegung aus den 1970er-Jahren feiert ihr großes Comeback, Zimmerpflanzen sind die neuen Deko-Stars. In selbst bemalten Töpfen, einfachen Holzkisten, Vintage-Flohmarktgefäßen, Mini-Gewächshäusern, Terrarien, Retro-Dosen oder in Omas Teetassen lassen sich schon für wenig Geld bezaubernde Arrangements gestalten.

Der luftige Eyecatcher bringt die Natur ins Schlafzimmer der holländischen Designerin Marij Hessel und hübscht den reduzierten Look des Raums auf. Schwarzweißes Stoffgarn *Zpagetti* von Hooked.

HÄNGEPFLANZEN

Hängepflanzen sind eine einfache Idee mit Riesen-effekt. Für attraktive Luft-arrangements eignen sich pflegeleichte Pflanzen wie Grünlilie, Gundermann, Efeu, Leuchterblume, Bubikopf, Goldranke, Codonanthe sowie trendige Sukkulenten. Wenn Sie über einen längeren Zeitraum außer Haus sind, helfen Selbstbewässe-rungs-Übertöpfe; sie haben ein Wasserreservoir, das der Lieblingspflanze die richtige Menge an Wasser liefert.

Unschlagbares Quartett:
Sukkulenten und grüne Lieb-
linge sehen in ausgedienten
Küchendosen einfach be-
zaubernd aus. Retro-Charme
inklusive!

Kleine Gewächshäuser bieten konstante Wärme und eignen sich besonders gut für Baby-Pflanzen. Teppich: Marktplaats, Deko-Kissen: Joost Janszen und Tas-ka.

„Ich gruppiere verschiedene Pflanzen zum kleinen Indoor-Garten. Bei den Töpfen gilt: der Mix macht's. Terrakotta, Glas, Rattan und Keramik – in meinem Wohnzimmer sind sie alle zu Hause. Ich liebe es, umgeben von Lieblingsfarben, Mustern und Green Love zu wohnen."

MARIJ HESSEL, Designerin, Bloggerin

Diese Pelargonie stand bereits auf dem Balkon meiner Oma. Den alten Keramiktopf habe ich mit Stoffresten (*Älgört* von IKEA) aufgehübscht und neben Design-Büchern aufgestellt.

10 pflegeleichte Zimmerpflanzen für mehr Green Love

Aloe
Bogenhanf
Elefantenfuß
Grünlilie
Geranie
Madagaskarpalme
Geldbaum
Palmlilie
Glücksbambus
Drachenbaum

Kein Platz auf der Fensterbank? Dann rettet ein Tischgarten die Lieblings-Pflanzensammlung. Die blaue Tasse ist ein Mitbringsel von den Niagarafällen. In der Küche wurde sie selten benutzt. Die Kreidetafel-Töpfe hinten können individuell beschriftet werden. Der Maus-Blumentopf ist von West Elm.

DIE ESSENZ DES GUTEN DESIGNS IST FÜR MICH ...

Im Laufe der letzten drei Jahren habe ich über 100 Designer interviewt. Die meisten von ihnen sind mehrfach ausgezeichnet. Sie haben ihren unverkennbaren Abdruck in der Designwelt hinterlassen, berauschende Produkte auf den Markt gebracht und Luxushäuser von Palm Beach bis zu den Vereinigten Arabischen Emiraten eingerichtet. Und doch, wenn es um die wichtigsten Elemente der Raumgestaltung und die Essenz des guten Designs geht, sind ihre Antworten simpel und gehen nah ans Herz. Schnallen Sie sich an! Ich lade Sie ein zu einer imaginären Reise mit einigen der besten Designer unserer Gegenwart. Den Pass vergessen? Kein Problem. Die Eintrittskarte ist Neugier, Begeisterung und Liebe. Ich wette, das haben Sie!

JASPER MORRISON
Produktdesigner

„Die wichtigsten Designelemente sind Atmosphäre, Schönheit, Funktionalität, Langlebigkeit und Natürlichkeit."

BEN DE LISI
Modedesigner

„Das Schöne ist einfach, aber nicht langweilig. Sexy, aber nicht vulgär. Voller Herzblut und spielerischer Leichtigkeit."

KELLY HOPPEN
Interiordesignerin

„Gute Planung, Balance, Textur und ... Taupe."

AARON HOM
Interiorstylist

„Form, Farbe, Proportion, gute Beleuchtung und ... Seele."

MICHAEL GRAVES
Architekt

„Humanismus."

STEVEN EHRLICH
Architekt

„Zeitgenössische, klare Linien und die Wärme von Naturmaterialien."

JAMIE DRAKE
Interiordesigner

„Form, Textur und Farbe."

IONNA VAUTRIN
Produktdesignerin

„Einfachheit und Sinnlichkeit."

MEIKE HARDE
Produktdesignerin

„Innovative Idee und überzeugende Umsetzung."

IVO MAREINES
Architekt

„Gewicht und Leichtigkeit."

MICHAEL YOUNG
Produktdesigner

„Vision und Ehrlichkeit."

KELLY BEHUN
Interiordesignerin

Überdesign ist out. Ich bevorzuge ein Stück vom ‚negativen Raum', in dem der Blick Pause macht und relaxt."

TIMOTHY CORRIGAN
Interiordesigner

„Mix von Stilen, Perioden und Kulturen! Das Bestreben ist, Räume zu gestalten, die Charakter haben."

CRAIG STEELY
Architekt

„Wenn Äußerung und Inhalt übereinstimmen entsteht etwas Außergewöhnliches."

RAJI RADHAKRISHNAN
Interiordesignerin

„Gute Innenarchitektur. Leben. Authentizität. Vision."

DINA BROADHURST
Interiorstylistin

„Form, Wert, Farbe ... und Textilien. Ohne Textilien kommt die Schönheit der Farbe nicht zur Geltung."

NICO VAN DER MEULEN
Architekt

„Glas. Licht. Raum. Wasser."

DICKIE BANNENBERG
Yacht Designer

„Emotion. Eleganz. Identität. Funktionalität."

KIRSTEN HOPPERT
Produktdesignerin

„Courage, Demut, Idealismus und eine substanzielle Idee."

JAMIE BUSH
Interiordesigner

„Raum, Zeit und Qualität."

CLINTON MURRAY
Architekt

KYLE SCHUNEMAN
Interiordesigner

NAOTO FUKASAWA
Produktdesigner

ALESSANDRO MENDINI
Designer Architekt

„Einfachheit, Feinheit und Eleganz."

„Selbstvertrauen!"

„Spontanität."

„Essenzieller Teil des Wohndesigns ist, den Raum mit Seele zu füllen."

JULLIANA CAMARGO
Innenarchitektin

BENJAMIN NORIEGA-ORTIZ
Interiordesigner Architekt

BRETT MICKAN
Interiordesigner

JEAN-MARIE MASSAUD
Produktdesigner

„Die Freiheit ist das Wichtigste. Nur wenn man sich frei fühlt kann man mit Herz und Seele dekorieren."

„Das Wichtigste sind ... deine Augen."

„Funktionalität, Scala, Licht, Farbe, Textilien, einen Hauch von Luxus und eine Prise Humor."

„Licht. Emotion. Intimität. Zukunft."

THOMAS PHEASANT
Interiordesigner

MARC NEWSON
Produktdesigner

CHAKIB RICHANI
Architekt

DELPHINE KRAKOFF
Interiordesignerin

„Balance, Einfachheit, Proportion und Textur."

„Verbesserung. Einfachheit. Neue Materialien. Technologien. Prozesse."

„Sensibilität, Natur, Licht und Weite."

„Proportion, Überraschungselemente und vor allem eine echte Verbindung zwischen den Bewohnern und ihrer Umgebung."

MARTYN LAWRENCE-BULLARD
Interiordesigner

„Proportion!"

FERNANDO TAPIA UND MÓNICA ANDINA
Interiordesigner

„Alles das die Sinne anspricht … Materialien, Textilien, Farben, Kunst, Emotion. Wohndesign ist eine sensuelle Erfahrung."

JEAN-LOUIS DENIOT
Interiordesigner

„XXL-Teppich, großer Spiegel, gemütliches Sofa, Skulpturen, Duftkerzen, Vintage-Stühle und üppige Vorhänge."

BENJAMIN GRAINDORGE
Produktdesigner

„Kamin für Wärme, Schaukelstuhl für die Leseecke, ein Bett und viele Träume."

JONATHAN SEGAL
Architekt

„Proportionen, Harmonie, Rhythmus, Schönheit und Reinheit."

JONATHAN RACHMAN
Interiordesigner

„Emotion, Leidenschaft und Wissen."

JOHNSON HARTIG
Modedesigner

„Qualitätsmaterialien und eine tolle Idee."

ANNA KORKOBCOVA
Interiordesignerin

„Licht, Proportion, Textur, Materialwahl, Komfort und Persönlichkeit."

BILLIE TSIEN
Architektin

„Neugier und Optimismus."

MATTEO THUN
Architekt

„Nachhaltigkeit! Echo, nicht Ego."

CHRISTOPHE PILLET
Lacoste Designdirektor
Produkt- und Interiordesigner

„Die besten Interieurs sind einfach, chic und happy."

RICHARD HUTTEN
Produktdesigner

„Spaß, Verspieltheit und Liebe."

LIEBLINGSSHOPS

Alle, die gern online einkaufen, finden hier eine Liste meiner Lieblings-Online-Shops. Weder hier noch anderswo im Buch gibt es Werbung. Ich erwähne nur Shops, die ich selbst mag und hinter deren Produkte und/oder humaner Idee ich voll und ganz stehe.

AVA & YVES
avaundyves.de

Während der Elternzeit begann Geraldine Koppmann Ribbrock Postkarten zu entwerfen, die jetzt zusammen mit liebevoll gestalteten Produkten aus Porzellan, Papier und Stoff in ihrem Shop erhältlich sind. Besondere Highlights: Seiden-Geschenkpapiere, Klappkarten sowie Tierkissen für das Kinderzimmer.

BABA SOUK
babasouk.ca

Indie Design, Funky Colors, spannende grafische Muster, Naturmaterialien, für mich Liebe auf den ersten Blick.

BAREFOOT LIVING
barefootliving.de

Natürliche Materialien, Erdtöne und Maritimes findet man im Shop der Interiordesignerin Carde Reimerdes aus Mallorca und Til Schweiger. Die Accessoires lassen vom Meer träumen und verbreiten Sonne, Authentizität und free spirit. Alles wird in kleinen Manufakturen unter strengen Nachhaltigkeitskriterien hergestellt.

COLE & SON
cole-and-son.com

Das seit 1875 bestehende britische Unternehmen stellt zeitlose Tapeten im traditionellen Druckverfahren her. Zu seinen Kunden zählen u.a. die Queen und das Weiße Haus.

DISTRICT SIX
districtsix.de

Onlineshop aus Südafrika, der handgefertigte Wohnartikel bietet und besonderen Wert auf Nachhaltigkeit und Fairtrade legt.

IKEA
ikea.de

Der 1943 gegründete schwedische Einrichtungskonzern, der das skandinavische Design allen zugänglich gemacht hat und gemixt mit Flohmarktstücken und persönlichen Schätzen das Wohnen einfach schöner macht.

JONATHAN ADLER
jonathanadler.com

Modernistisches Design für das Happy Home entworfen mit Liebe und einem Hauch Humor von einem der inspirierendsten Designer der Welt.

LEIF
leifshop.com

Happy Colors für das Happy Zuhause! Vor allem die einzigartigen Blumentöpfe, Kelim-Kissen und Naturteppiche aus Bolivien sind echte Dinge fürs Herz.

MARIMEKKO
marimekko.com

Finnisches Textilunternehmen, das 1951 gegründet wurde und vor allem für kräftige Farben, florale Muster und lebensfrohes Design bekannt ist.

MINKA INHOUSE
minka-inhouse.com

Kleines unabhängiges Designteam aus Chile, das handgemachte Keramikartikel sowie organische Textilaccessoires mit Soul herstellt.

MOOOI
moooi.com
Die Designer Marcel Wanders und Casper Vissers gründeten das angesagte Label, dessen Name „schön" auf Niederländisch bedeutet. Ihre Kollektionen sind exklusiv, gewagt, verspielt, exquisit und basieren auf der Überzeugung, dass Design Liebe ist.

MUM'S
mums.fi
Ethisches Design für ein Zuhause mit Herz. Handgemachte Teppiche, Lichtkörper und Accessoires. Einzigartige indische und afrikanische Muster gemixt mit skandinavischer Einfachheit. Inspirierende und nachhaltige Wohnartikel, die Frauen in der Dritten Welt unterstützen.

RICE, DÄNEMARK
rice.dk
Der Shop für das farbverliebte Herz. Accessoires für Wohnzimmer, Küche, Kinderzimmer und Outdoor Living. Alle in fröhlichen Farben und unter strengen ökologischen Auflagen hergestellt.

ROADS WELL TRAVELED
roadswelltraveled.com
„Sammle Geschichte, nicht Objekte" lautet der Slogan des US-amerikanischen Shops, der Ethno-Schätze aus aller Welt bietet und Wert auf Nachhaltigkeit und Tradition legt.

LIEBLINGSBLOGS

APARTMENT THERAPY

apartmenttherapy.com

Der einflussreiche Wohnblog, der 2004 von den Brü-
dern Maxwell und Oliver Ryan gegründet wurde, bietet
zahlreiche Hausbesuche, Tipps und Inspiration, getra-
gen von dem Glauben, dass ein ruhiges, gesundes und
schönes Zuhause die Grundlage für Glück und Erfolg ist.

AT HOME WITH LOVE

athomeinlove.com

„At Home with Love" verleiht der Deko-Seele Flügel.
Der charmante Blog von Aileen Allen aus Seattle bietet
DIY, Einrichten, Farbsucht, Pflanzen und viele Tipps.
Alles für Klicks voller Freude und für die Liebe am
Dekorieren.

AZURWEISS

azurweiss.de

Liebevolle Details aus dem eigenen Haus, Arrangements
mit Retro-Vasen und spannende Berichte findet man im
Blog von Sabine Wittig – freie PR-Beraterin mit Leidenschaft für schönes Wohnen und Inhaberin des kleinen
Onlineshops La Mesa.

BEHOMM

behomm.com

Attraktive Plattform für Designer und Künstler zwecks
Wohnungstausch auf der ganzen Welt. Die Gründer -
Grafikdesigner Eva Calduch und Agustí Juste aus
Barcelona - sind der Meinung, dass Teilen Zukunft ist.
Tolle Fotos und Unterkunftsmöglichkeiten für Leute aus
der Designbranche voller Reisefreude und mit Sinn für
schönes Wohnen.

BRAIN PICKINGS

brainpickings.org

Die Online-Schatzinsel, die monatlich fünf Millionen
Besucher hat. Der Blog von Maria Popova ist auf der
Suche nach vergessenen Büchern voller Tiefgang, nach
Inspiration und Weisheit auf die Frage, worauf es im
Leben ankommt.

DECOR8

decor8blog.com

Holly Beckers Freude am Einrichten und Bloggen berei-
chert seit 2006 die Blogosphäre und inspiriert mit dem
Mut, den eigenen Weg zu gehen. In Hollys Blog Decor8
findet man Schönes übers Wohnen, Selbermachen und
alles, was dazugehört.

DESIRE TO INSPIRE

desiretoinspire.net

Die tägliche Dosis Interiorliebe aus der ganzen Welt
bieten Kim Johnson und Jo Walker. Beide Bloggerinnen
haben sich im echten Leben noch nie getroffen. Kim
bloggt und lebt in Kanada. Jo in Australien. Auf ihrer
Webseite verbinden sie die Leidenschaft zum schönen
Wohnen, die jede geografische Grenzen überschreitet.

FANTASTISCH

fantas-tisch.blogspot.com

Sanfte Wohnfreude und unwiderstehlicher Tafelzauber,
liebevoll arrangiert und gekonnt fotografiert von der
Bloggerin Anke Illner aus Wiesbaden.

HAPPY INTERIOR BLOG

happyinteriorblog.com

Happy Interiors, Reisen, Pflanzen – ich liebe den Blog
von Igor Josifović, reise gern mit dem Münchener
Blogger um die Welt und teile seine Vision vom glücklichen Zuhause.

HELLO MIME

blog.hellomime.eu

Einfache Bastelideen und Gute-Laune-Muster findet
man im Blog und kleinen Kunstshop von Michaela
Merzenich aus Köln. Alles mit starken Farben, lebensfroher Botschaft und mit Liebe gemacht.

MY ATTIC

entermyattic.blogspot.com

Fotos aus der eigener Wohnung, Kreativprojekte, Hot-
spots und bezaubernder Mix von Flohmarktschätzen,
DIY und Pflanzen findet man im Blog der holländischen
Designerin Marij Hessel.

SETH GODINS BLOG

sethgodin.typepad.com

Tägliche Top-Posts vom US-Autor, Marketingexperten und Unternehmer Seth Godin. Themen: Leadership, Ideenverbreitung, Infragestellung des Status quo und Motivation auf dem Weg, was wirklich zählt.

SO LEB' ICH

solebich.de

Deutschlands größte Wohncommunity bietet authentische Blicke in Wohnungen voller kreativer Ideen und liebevoller Gestaltungen. Für mich Liebe auf den ersten Klick.

SUGAR & CLOTH

sugarandcloth.com

Der Blog von Ashley Rose aus Texas hübscht seit 2011 das Internet auf. Er bietet wunderschöne DIY-Projekte, Rezepte und einen Blick hinter den Kulissen. Vorsicht: DIY-Suchtgefahr!

THE JUNGALOW

thejungalow.com

Die besten Ideen für das Boho-Herz findet man im kalifornischen Jungalow der Designerin und Autorin Justina Blakeney. Ihr Mix von Farben, Handgemachtem und Persönlichem bezaubert mit seiner Authentizität und einer Prise Magie.

URBAN JUNGLE BLOGGERS

urbanjunglebloggers.com

Ansteckend und Dschungelfiber garantiert ist die Blogserie, die die Blogger Judith de Graaff aus Paris und Igor Josifović aus München veranstalten. Ihre Posts, Videos und Fotos sind voller Green Love und treffen mitten ins Herz. Mittlerweise zählen zu ihrer Community über 700 Blogger aus der ganzen Welt, die ihre Begeisterung für Pflanzen teilen. Tendenz steigend …

WUNDERSCHÖN GEMACHT

wunderschoen-gemacht.blogspot.com

Kleine Schätze wunderschön gemacht und mit Liebe ausgewählt findet man im Blog und Shop von Dunja Moralić aus Königstein im Taunus.

YNAS DESIGN BLOG

ynas-design.blogspot.de

DIY, Lieblingsstücke aus Beton und Reiseberichte von der Dekorateurin, Grafikerin und Weltenbummlerin Ina Mielkau aus Darmstadt.

DANKE!

Die Entstehung von **Liebe pro m²** war eine einmalige Erfahrung wegen all der Menschen, die daran beteiligt waren. Über 500 Designbegeisterte aus 6 Kontinenten haben sich Zeit genommen, mit mir zu sprechen. Aus Platzgründen konnten nicht alle Zitate veröffentlicht werden. Doch jedes Zitat trug zum Gesamtbild bei. Ich bedanke mich herzlich bei allen Designern, Architekten, Stylisten, Bloggern und Wohnungseigentümern für die Interviews.

DANKE an Tim Ferriss – meinen virtuellen Mentor und Superhelden.

DANKE an Roland Thomas und das DVA-Team für den Glauben an mein Buch und an die Botschaft, die es in die Welt trägt. An dieser Stelle möchte ich Juliane Weinig und Susanne Hermann für das umsichtige Lektorat und das ausgezeichnete Layout danken. Der Schriftsteller David Gaughran nennt die Lektoren „die unsichtbaren Helden der Buchindustrie". In diesem Sinne waren Juliane Weinig und Susanne Hermann die unsichtbaren Heldinnen meines Manuskripts.

DANKE an Seth Godin. **Liebe pro m²** nahm seinen Anfang, nachdem ich Seth Godins Buch *Tribes* gelesen habe. Seine täglichen Posts haben mich geleitet, ermutigt und mich nie daran zweifeln lassen, dass jeder Mensch einen Unterschied in der Welt machen kann.

DANKE an Oliver Gorus. Sein praxisnahes Buch hat mir geholfen, die Gesetze des Buchmarkts zu verstehen, an meinem Exposé zu feilen und es hat mir wertvolle Tipps bzgl. der Vermarktung geliefert.

Das Schreiben und das Interiordesign eröffneten mir eine neue Welt und machten mich mit einzigartigen Leuten bekannt. **DANKE** für die Freundschaft an Nicole Lamac, Andrew Galuppi, Anna Korkobcova, Tomas Backman, Katherine Sauls, Julliana Camargo und Rowaida Flayhan.

DANKE an Marin Georgiev. Er war der erste Architekt, mit dem ich gesprochen habe. Unser Treffen fand nicht auf der Mailänder Designmesse oder in einer schicken Hotel-Lobby statt, sondern in der Stuttgarter U-Bahn. In Erinnerung bleibt es mir als eines der interessantesten Gespräche, die ich über Design und Architektur geführt habe.

DANKE an die Fotografen, die an den Erfolg des Buches geglaubt haben. Bereits damals, als ich noch keine einzige Seite geschrieben hatte. Janis Nicolay, John Merkl, Katja Lösönen, Jaime Ferrer, Christian Garibaldi, Erik Melvin, Kristofer Johnsson, Krista Keltanen, Patrik Hagborg, Carl Dahlstedt, Patric Johansson, André Nazareth und Mario C. Melillo haben nicht nach der Auflage und dem Buchpreis gefragt. Ihr Glaube hat mich inspiriert. Für den Glauben gibt es kein Ersatz.

DANKE an meine Eltern, dass sie mich lieben und die Liebe zu den Büchern bereits mit fünf Jahren in mir geweckt haben.

DANKE an meine Freunde. Ihr Lächeln begleitet mich täglich, obwohl uns Tausende Quadratmeter trennen. Gemeint sind: James A. Shapiro, Carsten Ulbricht, Alexandra Vassileva, Boris Vashev, Dimitar Sariev, Elena Stoyanova, Hristina Spassova, Alexander Hentschke, Dirk Dechant, Teodor Panayotov, Leda Menzel, Patricia dos Santos, Stefi Michailidis-Loizou, Familie Mußotter, Georgi Dimenchev, Sercan Can, Daniela Meyer, Stefan Beyerle, Oliver Rupprich, Stanislav Stoyanov, Krasen

Popov, Manuela Rizzelli-Straci, Numa Ger, Walid Koubakji, meine Mitschüler, die 1994 das Abitur am Fremdsprachengymnasium Plovdiv absolviert haben, allen voran die Klasse E.

Jede glückliche Frau hat eine beste Freundin. Meine ist Galena Pelovska-Wallers. Seit 31 Jahren. **DANKE** an Galja für ihre aufrichtige Freundschaft, das gemeinsame Lachen, die unzähligen Telefongespräche und dass sie immer das getan hat, was nur die beste Freundin tun kann: da zu sein.

DANKE an Svetoslav Pentchev und Angel Bobotzov. Uns verbinden gemeinsame Erlebnisse, ein geplatzter Reifen zwischen Zarevo und Varvara an der Schwarzmeerküste, eine jahrelange Freundschaft.

DANKE an meinen Freund, Deutschlehrer und Mitschüler Ivan Stolinov für seine praktischen Ratschläge für dieses Buch und sein redaktionelles Geschick. Wir kennen uns seit 26 Jahren, und es ist immer ein Vergnügen, mit ihm zusammenzusitzen. Wegen seines freundlichen Wesens, seines Enthusiasmus und seiner Bereitschaft zu helfen.

Es gibt einen Ort in meiner Heimatstadt Plovdiv, der für immer einen Platz in meinem Herzen hat – das Eiscafé Stenata. Es liegt am Rand eines der sieben Hügel, über die sich Plovdiv erstreckt, und hat im Winter nicht mehr als vier Tische. In diesem Café sagte mir mein Mann zum ersten Mal, dass er mich liebt. Dort entstand das

Inhaltsverzeichnis von **Liebe pro m²**. Dort arbeiten seit 23 Jahren Mariana, Plamen und Boytcho, die mittlerweile Freunde sind. **DANKE** an alle drei für die schöne Zeit und das leckerste Schokoladeneis der Welt.

DANKE an alle Freunde, die ich aus Mannheim, Heidelberg und Ludwigshafen kenne. Es ist unmöglich, hier jeden zu erwähnen. Ich habe 16 Jahre lang in Deutschland gelebt. Diese Zeit bleibt für immer in meinem Herzen.

DANKE an Karim Rashid für das Interview. Karim ist für mich einer der inspirierendsten Menschen. Nicht nur wegen seiner Designs, seiner positiven Farben und seines sinnlichen Minimalismus, sondern auch wegen seiner Lebensphilosophie, organisches Essen und Globalove inklusiv.

DANKE an meinen Mann für seine Liebe.

Ich widme das Buch Niki, Gary und Vincent …

…und jedem, der auf dem Weg ist, den Designer in sich selbst zu entdecken.

Maria Spassov

BILDNACHWEIS

Zu jedem Foto werden nachfolgend der Designer oder Wohnungseigentümer, der Fotograf und ggf. der Stylist genannt.

S. 2–3: Asa Gripenberg, Foto: Katja Lösönen;
S. 6: Maria Spassov;
S. 9: Karim Rashid;
S. 11 o. li.: Emily Chalmers, Foto: Inga Powilleit;
S. 11 o. re.: Karen B. Wolf, Foto: Christian Garibaldi;
S. 11 u. li.: Cecilie Graham Hjelmen;
S. 11 u. re.: Fantastic Frank, Foto: Andy Liffner, Styling: Thomas Lingsell;
S. 12 li. und S. 13 re.: Dunja Moralic, Blog & Shop „wunderschön gemacht";
S. 12 re.: Styling: Myrica Bergqvist, Foto: Carl Dahlstedt;
S. 13 o. li.: Justina Blakeney, Foto: Jessica Comingore;
S. 13 u. li.: und o. M.: Maria Spassov;
S. 14 li.: Mauro Cid, Foto: André Nazareth;
S. 14 re.: Edina Sæther, Nordic Leaves Blog;
S. 15 li.: Cecilie Graham Hjelmen;
S. 15 re.: Zoco Home, Foto: Paulina Arcklin;
S. 16 li.: Jonathan Adler;
S. 16 re.: Sammy Joisten, Sammy Demmy Blog;
S. 17 o.: Escala Arquitetura, Foto: MCA Estudio;
S. 17 u.: Twofold, Foto: Jenn Pablo;
S. 18 und 19 beide: Maria Spassov;
S. 21: Nancy Riesco, Foto: Janis Nicolay;
S. 25: Kirsi Etula Mekkotehdas Blog, Foto: Krista Keltanen, Styling: Jonna Kivilahti;
S. 26: Laura Collins Design;
S. 28: Jonathan Adler;
S. 29: Julliana Camargo, Foto: Maíra Acayaba;
S. 30: Joanna Laajisto, Foto: Mikko Ryhanen;
S. 31: Meagan Camp, Foto: Emily Gilbert;
S. 32 li.: Harvest Agency, Foto: Sara Svenningrud Styling: Marie Olsson Nylander;
S. 32 o. re.: Joanna Laajisto, Foto: Mikko Ryhanen;
S. 32 u. re.: Justina Blakeney, Foto: Jessica Comingore;

S. 33 o. li.: Laura Collins Design;
S. 33 u. re. und S. 34 o. li.: Twofold;
S. 34 o. re.: Styling: Myrica Bergqvist, Foto: Patric Johansson;
S. 34 u. li.: Foto: Katja Lösönen;
S. 34 u. re.: Benedetta Amadi, Homepolish, Foto: Aubrie Pick;
S. 35 o. li.: Fantastic Frank, Foto: Kristofer Johnson, Styling: Sofie Ganeva;
S. 35 o. re.: Fantastic Frank, Foto: Emily Laye, Styling: Thomas Lingsell;
S. 35 u. li.: Foto: Patrik Hagborg;
S. 35 u. re.: Bricks Amsterdam;
S. 36: Design: Maria Spassov, Foto: Vladi Georgiev;
S. 37: Asa Gripenberg, Foto: Katja Lösönen;
S. 38: James Leland Day, Foto: Beatriz da Costa;
S. 39: Igor Josifović, Happy Interior Blog;
S. 40: Justine Hugh-Jones, Foto: Nicholas Watt;
S. 41 und 43: Riesco & Lapres, Foto: Janis Nicolay;
S. 42: Madeleine Blanchfield, Foto: Robert Walsh;
S. 44: Stewart Horton;
S. 45: InTown Arquitetura;
S. 46: Dehn Bloom, Foto: John Merkl;
S. 47: Styling: Myrica Bergqvist, Foto: Carl Dahlstedt;
S. 48: Fabio Galeazzo, Foto: Lufe Gomes;
S. 49: Styling: Myrica Bergqvist, Foto: Patric Johansson;
S. 51 und S. 54: Foto: Janis Nicolay;
S. 55: Maria Spassov;
S. 56 o. li.: Angus McRitchie;
S. 56 o. re.: Nancy Riesco, Foto: Janis Nicolay;
S. 56 u.: Design: Feldman Architecture, Foto: Paul Dyer;
S. 57: Kathy Collins, Urban Splash;
S. 58 li. und o.: Edina Sæther, Nordic Leaves Blog;
S. 58 u.: Ewa Björnsdotter;
S. 59 o.: Sally Conran, Foto: James Gardiner;
S. 59 u. li.: Maria Spassov;
S. 59 u. re.: Nicole Lamac;

S. 60 Foto: John Callaghan;
S. 61: Jessica Bettenay;
S. 62: Foto: Katja Lösönen;
S. 63: Styling: Myrica Bergqvist, Foto: Carl Dahlstedt;
S. 64: Joséphine Vérine-Gintzburger, Foto: Nicolas Karadimos;
S. 65: Carol d'Avila, Foto: Carin Mandelli;
S. 66: Maria Spassov, Foto: Vladi Georgiev;
S. 67: Charles de Lisle, Foto: Angie Cao;
S. 68: Nicole Lamac, The House Diaries Blog;
S. 69: Bricks Amsterdam;
S. 71: Orlando Soria, Homepolish, Foto: Tessa Neustadt;
S. 72 o.: Maria Spassov;
S. 72 u.: SIMO Design;
S. 73: Joanna Laajisto, Foto: Mikko Ryhanen;
S. 74: Nicola Lamac;
S. 75: Feldman Architecture, Foto: Paul Dyer;
S. 76: Joanna Laajisto;
S. 77: Justine Hugh-Jones, Foto: Nicholas Watt;
S. 78: Samuela Joisten;
S. 79: Sarah Yates, Foto: Lou Mora;
S. 80: Mónica Andina, Foto: Zuloaga & Sentmenat, Styling: Mercedes Ruiz-Mateos für Nuevo Estilo;
S. 81: Sarah Stacey Design;
S. 82: Magdalena Keck, Foto: Jeff Cate;
S. 83: Foto: Janis Nicolay;
S. 85: Pella Hedeby, Foto Kristofer Johnsson;
S. 86: Christina Loucks, Foto: Heidi Geldhauser;
S. 87: Julliana Camargo, Foto: Maíra Acayaba;
S. 88 li.: Styling: Myrica Bergqvist Foto: Carl Dahlstedt;
S. 88 M.: Kim Johnson, Desire to Inspire Blog;
S. 88 re. o.: Jessica Bettenay;
S. 89 li.: Fantastic Frank, Styling: Christina Symes, Foto: Magnus Pettersson;
S. 89 u. re.: Igor Josifović;

S. 89 o. re.: Benedetta Amadi, Homepolish, Foto: Aubrie Pick;
S. 90: Justina Blakeney, Foto: Jessica Comingore;
S. 91: Emma Blomfield, Foto: Lisa Zhu für The Home Australia;
S. 92: Fotos: Katja Lösonen;
S. 93: Annette Thorsbye;
S. 94: Tanja Marx, MX Living Blog;
S. 95: SMLXL Studio;
S. 96: Hunting for George, Foto: Brooke Holm;
S. 97: Fantastic Frank, Thomas Lingsell;
S. 98: Karen B. Wolf, Foto: Christian Garibaldi;
S. 99: Vicente Wolf;
S. 100: Kim Johnson, Desire to Inspire;
S. 101: Jonna Kivilahti, Foto: Krista Keltanen;
S. 103: Jen Ramos, Made by Girl;
S. 104: Jana Striepens, Miljanii Blog;
S. 105 beide: Edina Sæther, Nordic Leaves Blog;
S. 106 o.: Seth Brookshire & Natalie Bowen Brookshire;
S. 106 u. li.: Dehn Bloom, Foto: John Merkl;
S. 106 u. re.: Aileen Allen, At Home with Love Blog;
S. 107: Marij Hessel, My Attic Blog;
S. 108 und 109 li. o.: Christina Loucks, Foto: Heidi Geldhauser;
S. 109 o. re.: Julia Manchik;
S. 109 u. li.: Pella Hedeby, Foto: Kristofer Johnsson;
S. 109 u. re.: Maria Spassov;
S. 110: Maria Spassov;
S. 111: Gabriel Fontes de Faria, Homepolish, Foto: Dustin Halleck;
S. 112: Christina Loucks, Foto: Heidi Geldhauser;
S. 113: Julia Manchik;
S. 114: Aileen Allen, At Home with Love Blog;
S. 115: Kim Johnson, Desire to Inspire Blog;
S. 117: Nicole Lamac;
S. 118 u. li.: Lucyna Kolodziejska, Fabryka Wnetrz, Foto: Agencja Negatywna;
S. 118 u. re.: Nicole Lamac;

S. 119: Wendy Haworth Design;
S. 120 u. li.: Dehn Bloom,
Foto: John Merkl;
S. 120 o.: Foto: Janis Nicolay;
S. 120 u. re.: Alexandra Morris,
Foto: Jason Busch;
S. 121: Kim Johnson;
S. 122: Justine Hugh-Jones,
Foto: Nicholas Watt;
S. 123: Kim Johnson;
S. 124: Nicole Lamac;
S. 125: Feldman Architecture,
Foto: Paul Dyer;
S. 128 ganz o. und u. li.: Maria Spassov;
S. 128 u. li.: Aileen Allen;
S. 128 M. li.: Zoco Home,
Foto: Paulina Arcklin;
S. 128 M. re.: Nancy Riesco,
Foto: Janis Nicolay;
S. 129 o. li.: Igor Josifović, Happy
Interior Blog;
S. 129 M. und u. re.: Maria Spassov;
S. 129 u. li.: Bricks Amsterdam;
S. 130 und S. 134: Styling: Myrica
Bergqvist, Photo: Patric Johansson;
S. 131–133: Maria Spassov;
S. 135 u.: Maria Spassov;
S. 135 o. li.: Dehn Bloom,
Foto: John Merkl;
S. 135 o. re.: Patrik Hagborg;
S. 136: Justina Blakeney,
Foto: Jessica Comingore;
S. 137: Cecilie Graham Hjelmen;
S. 139 o.: Nicole Lamac;
S. 139 u. li.: Justina Blakeney;
S. 139 u. re.: Escala Arquitetura,
Foto: MCA Estudio;
S. 140 o.: Anke Illner, Fantas-Tisch
Blog;
S. 140 u.: Edina Sæther;
S. 141: Urban Splash;
S. 142–143: Parolio;
S. 144 li.: Foto: Janis Nicolay
S. 144 u. re.: Nicole Lamac;
S. 144 o.: SIMO Design;
S. 145 o. li.: Lucyna Kolodziejska,
Fabryka Wnetrz, Foto: Agencja
Negatywna;
S. 145 o. re. und 146 u. li.: Justina
Blakeney, Foto: Jessica Comingore;
S. 145 u.: Abigail Edwards;
S. 146 M.: Maria Spassov;
S. 146 o.: Cozamia;

S. 147 li.: Igor Josifović;
S. 147 re.: Foto: Janis Nicolay;
S. 148 o.: Maria Spassov;
S. 148 u.: Sabine Wittig, La Mesa Shop;
S. 149: Maria Spassov;
S. 150: Foto: Janis Nicolay;
S. 151: Eleni Psyllaki, My Paradissi
Blog;
S. 152: Jonathan Adler;
S. 153: Mette Helena Rasmussen,
Foto: Tia Borgsmidt;
S. 154 u.: K. Mathiesen Brown,
Foto: Jeff Lancaster;
S. 154 o.: Edina Sæther, Nordic Leaves
Blog;
S. 155 o. li.: Annette Thorsbye;
S. 155 o. re.: Tone Alsos Aarø, Tone
Melone Design;
S. 155 u. li.: Dunja Moralic, Blog &
Shop „wunderschön gemacht";
S. 155 u. re.: Kathy Collins, Urban
Splash
S. 156 li.: Eleni Psyllaki, My Paradissi
Blog;
S. 156 M.: : Bianca Gülpen, Wohnlust
Blog; re.: Amory Brown Design;
S. 157: Foto: Katja Lösönen;
S. 158: Joanna Laajisto;
S. 159: Tanja Marx, MX Living Blog;
S. 161: Guilherme Torres,
Foto: Lufe Gomes;
S. 162: Mauricio Arruda,
Foto:Victor Affaro;
S. 163, 164 o. re. und S. 165: K. Mathie-
sen Brown, Foto: Jeff Lancaster;
S. 164 o. li.: John K. Anderson,
Foto: Liz Caruana; u. li.: Zoco Home,
Foto: Paulina Arcklin; u. M.: Charles
de Lisle, Foto: Angie Cao; u. re.:
Fantastic Frank, Foto: Andy Liffner,
Stylist: Thomas Lingsell;
S. 166 u.: Orlando Soria, Homepolish,
Foto: Tessa Neustadt;
S. 166 o.: Igor Josifović;
S. 167 o. und li.: Foto: Janis Nicolay;
u. re.: Foto: Katja Lösönen;
S. 168 o. und S. 169 M.: Dunja Moralic,
Blog & Shop „wunderschön gemacht";
S. 168 u. re.: Foto Janis Nicolay;
S. 169 u. li., S. 169 o. li. und u. li., S. 170
und S. 171 die ersten drei von li. nach
re.: Anke Illner, Fantas-Tisch Blog;
S. 169 o. re. und u. re.: Maria Spassov;

S. 171 ganz re.: Marlies Ruprechter,
Blicklieblinge Blog;
S. 172 u. li.: Cecilie Graham Hjelmen;
u. re.: Anna Schwanebeck, Leaves and
Butterflies Blog;
S. 173: Natalie Bowen Design,
Foto: Kim Lucian;
S. 174 o.: Marlies Ruprechter; u. li.:
Sabine Wittig, La Mesa; re.: Julia Ball-
maier, My home is my horst Blog;
S. 175: Dunja Moralic, Blog & Shop
„Wunderschön gemacht"
S. 176: Marij Hessel, My Attic Blog;
S. 177: Eleni Psyllaki, My Paradissi;
178: Marij Hessel, My Attic Blog
S. 179 o.: Maria Spassov;
S. 179 u.: Igor Josifović;
S. 180: Jasper Morrison, Foto: Kento
Mori; Ben de Lisi; Kelly Hoppen;
Aaron Hom; Michael Graves; Steven
Ehrlich, Foto: Jay L. Clendenin; Jamie
Drake; Ionna Vautrin
S. 181: Meike Harde, Foto: Johannes
Höller, Baem Studios; Ivo Marei-
nes; Michael Young; Kelly Behun;
Timothy Corrigan; Craig Steely, Foto:
Robert Hamada; Raji Radhakrishnan;
Dina Broadhurst, Foto: Josef Geranio;
Nico van der Meulen; Dickie Ban-
nenberg, Foto: Julian Calder; Kirsten

Hoppert, Vertijet; Jamie Bush Foto:
Audrey Ma
S. 182 Clinton Murray; Kyle Schune-
man; Naoto Fukasawa; Alessandro
Mendini, Foto: Carlo Lavatori; Julli-
ana Camargo, Foto: Maíra Acayaba;
Benjamin Noriega-Ortiz, Foto:
Antoine Bootz; Brett Mickan; Jean-
Marie Massaud, Foto: Pierre Monetta;
Thomas Pheasant, Foto: Christopher
Leaman; Marc Newson, Foto: Simon
Upton; Chakib Richani; Delphine
Krakoff; Martyn Lawrence-Bullard;
S. 183 Mónica Andina & Fernando
Tapia; Jean-Louis Deniot, Foto:
Xavier Béjot; Benjamin Graindorge;
Jonathan Rachman; Johnson Hartig;
Anna Korkobcova, Foto: Bess Friday;
Jonathan Segal; Billie Tsien, Foto:
Dorothy Alexander; Matteo Thun,
Foto: Francesca Lotti; Christophe
Pillet, Foto: Romain Cambon; Richard
Hutten, Foto: Arie Kievit
S. 185, 187: Marij Hessel
S. 189: Veronica Valencia, Design
Hunter LA, Foto: Ala Cortez
S. 191: Maria Spassov
S. 192: Mauro Cid, Foto: André
Nazareth;

MARIA SPASSOV

WEBSITE:

mariaspassov.com

BLOG:

design-elements-blog.com

Ich freue mich, wenn Sie meinem Blog *Design Elements* folgen, eine Buchrezension schreiben oder eine E-Mail schicken. Meine aktuellen Kontaktinformationen finden Sie auf meiner Website oder auf meinem Blog. Mein erstes Buch *Celebrity Designers: 50 Interviews on Design, Architecture, and Life* erschien im Juni 2015 als E-Book.

IMPRESSUM

MIX
Papier aus verantwortungsvollen Quellen
FSC® C106600

Verlagsgruppe Random House FSC® N001967
Für dieses Buch wurde das FSC-zertifizierte Papier *Amber Graphic* verwendet.

1. Auflage

Copyright © 2015 Deutsche Verlags-Anstalt, München,
in der Verlagsgruppe Random House GmbH
Alle Rechte vorbehalten
Grafische Gestaltung und Herstellung:
Susanne Hermann / DVA
Covergestaltung: Sofarobotnik Augsburg & München
Umschlagfotos: Vorderseite: Katja Lösönen
Rückseite: Zuloaga & Sentmenat (li.), Parolio (M.),
Kim Johnson (re.)
Lithografie: Helio Repro, München
Druck und Bindung: DZS Grafik
Printed in Slovenia

ISBN: 978-3-421-04008-4

www.dva.de

Wir designen unser Zuhause, unsere Welt, unser Selbst. So sind wir alle Designer. Denn Design gehört zu einem erfüllten Leben.

Lassen Sie Ihr Leben nicht vorbeiziehen. Seien Sie Ihr eigener Designer! Wir haben durchschnittlich 75 x 365 Tage. Entschleunigen Sie. Schalten Sie den Fernseher aus. Machen Sie einen Spaziergang. Umarmen Sie Ihre Kinder. Lernen Sie eine neue Sprache. Probieren Sie grüne Smoothies. Gehen Sie Joggen. Leben Sie die Schönheit aus dem Bauch heraus. Unterstützen Sie Hilfsorganisationen, an deren Werte Sie glauben. Lesen Sie Bücher, die Ihren Geist wachsen lassen. Sammeln Sie Erfahrungen, nicht Zeugnisse. Reisen Sie. Sie können es sich leisten. Es ist eine Frage der Prioritäten. Streben Sie nach Höherem. Trauen Sie sich Großes zu. Begeisterung erzeugt Begeisterung. Wachstum erzeugt Wachstum. Liebe erzeugt Liebe. Immer.

„Das größte Design-Projekt, das jeder haben kann, ist das eigene Leben."

JESSI ARRINGTON, Grafikdesignerin